Historia de Asiria

Una guía fascinante de los asirios y su poderoso imperio en la antigua Mesopotamia

© Copyright 2020

Todos los derechos reservados. Ninguna parte de este libro puede ser reproducida de ninguna forma sin el permiso escrito del autor. Los reseñantes pueden citar pasajes breves en los comentarios.

Cláusula de exención de responsabilidad: Ninguna parte de esta publicación puede reproducirse o transmitirse de ninguna forma ni por ningún medio, mecánico o electrónico, incluidas fotocopias o grabaciones, ni por ningún sistema de almacenamiento y recuperación de información, ni transmitirse por correo electrónico sin la autorización escrita del editor.

Si bien se han realizado todos los intentos para verificar la información provista en esta publicación, ni el autor ni el editor asumen ninguna responsabilidad por los errores, omisiones o interpretaciones contrarias del contenido aquí presente.

Este libro es solo para fines de entretenimiento. Las opiniones expresadas son solo del autor y no deben tomarse como instrucciones u órdenes de expertos. El lector es responsable de sus propias acciones.

El cumplimiento de todas las leyes y normativas aplicables, incluidas las leyes internacionales, federales, estatales y locales que rigen las licencias profesionales, las prácticas comerciales, la publicidad y todos los demás aspectos de realizar negocios en los EE. UU., Canadá, el Reino Unido o cualquier otra jurisdicción es de exclusiva responsabilidad del comprador o lector

Ni el autor ni el editor asumen ninguna responsabilidad u obligación alguna en nombre del comprador o lector de estos materiales. Cualquier desaire percibido de cualquier individuo u organización es puramente involuntario.

Índice de contenido

INTRODUCCIÓN 1
CAPÍTULO 1 - LOS ASIRIOS LLEGAN A MESOPOTAMIA: EL COMIENZO DEL PERÍODO ASIRIO..4
CAPÍTULO 2 - EL NACIMIENTO DE UNA CIVILIZACIÓN: DEL IMPERIO ANTIGUO ASIRIO AL IMPERIO ASIRIO MEDIO...........................8
CAPÍTULO 3 - EL COMIENZO DEL IMPERIO NEOASIRIO 23
CAPÍTULO 4 - EXPANSIÓN IMPERIAL Y LA EDAD DE ORO DEL IMPERIO NEOASIRIO 33
CAPÍTULO 5 - LA CAÍDA DEL IMPERIO 52
CAPÍTULO 6 - GOBIERNO ASIRIO..65
CAPÍTULO 7 - EL EJÉRCITO ASIRIO...70
CAPÍTULO 8 - LA VIDA EN EL IMPERIO ASIRIO 75
CAPÍTULO 9 - CULTURA ASIRIA: ARTE, MATEMÁTICAS Y CIENCIA...86
CAPÍTULO 10 - RELIGIÓN ASIRIA 93
CONCLUSIÓN..97
BIBLIOGRAFÍA..99

Introducción

Situado en el actual Irak, la antigua Mesopotamia, la tierra entre los grandes ríos Tigris y Éufrates, fue donde todo comenzó. Es la parte del mundo donde hace unos 6.000 años la gente finalmente se despidió de sus vidas de cazadores y recolectores, y comenzó a cultivar e iniciar la construcción de civilizaciones. Es de estas civilizaciones de donde obtenemos algunas de las más famosas contribuciones a la historia y cultura mundial, desde la *Epopeya de Gilgamesh* hasta el famoso código de leyes de Hammurabi, que dio origen al popular dicho "ojo por ojo".

La historia de Mesopotamia está llena de fronteras en constante cambio, civilizaciones en ascenso y descenso y, por supuesto, guerra y conquista. Los primeros imperios del mundo surgirían aquí y pasarían miles de años intercambiando territorios, intercambiando alianzas y luchando por la supremacía. Era un juego de riesgo en la vida real que jugaban algunos de los líderes más venerados y temidos del mundo.

Pero de todas las civilizaciones famosas que han surgido de Mesopotamia, una lista que incluye a los acadios, los sumerios y los babilonios, son los asirios los que merecen la fama y la gloria. El imperio que construyeron en el curso de unos 1.200 años sobrevivió a constantes ataques, unas cuantas derrotas, y la famosa Edad Oscura conocida como la Edad de Bronce se derrumbó para convertirse en uno de los mayores y más expansivos imperios que el mundo haya visto jamás.

Después de establecerse a lo largo de las orillas del río Éufrates en Assur, en torno al 2500 a. C., el Imperio asirio, a finales de la mitad del siglo VII, controlaría más territorio del que cualquier otro imperio mesopotámico podría reclamar. Los carros asirios rodaban a lo largo del río Nilo en Egipto, mientras que los reyes de Arabia, Palestina, Siria, Anatolia y Fenicia eran casi todos vasallos de los poderosos reyes-dioses asirios.

Su despiadada forma de guerra de asedio y su brutal castigo a cualquiera que se atreviera a interponerse en su camino les valió una reputación en toda Mesopotamia como una fuerza que no debía ser subestimada. Pero durante esta época de dominio militar, los asirios también contribuyeron al avance de la civilización humana. Hicieron copias de algunos de los textos antiguos más famosos del mundo mientras creaban muchas obras nuevas propias. Científicos y matemáticos acudieron en masa a las bibliotecas de Nínive para estudiar y compartir el conocimiento del mundo antiguo, y los artistas ayudaron a retratar a las generaciones futuras la gloria de los reyes y dioses asirios.

Pero el dominio asirio de Mesopotamia no duraría para siempre. Tal vez condenada por sus propias ambiciones, Asiria eventualmente creció demasiado como para manejarse. Sus enojados y poderosos vecinos se unieron y se aprovecharon de Asiria cuando le dieron la espalda, y a finales del siglo VII, las tres principales ciudades asirias, Calaj, Assur y Nínive, habían sido saqueadas, y un nuevo poder, el Imperio neo-babilónico, iba a gobernar Mesopotamia durante los siglos siguientes.

Sin embargo, aunque el período de dominación asiria terminaría aparentemente poco después de haber comenzado, la historia de cómo estos pueblos semitas comenzaron de la nada y crecieron hasta convertirse en uno de los imperios más poderosos del mundo es emocionante, aterradora y única. Y con nuevas pruebas que se descubren constantemente, es una historia con muchos secretos por revelar.

Capítulo 1 - Los asirios llegan a Mesopotamia: El comienzo del período asirio

La mayoría de los historiadores dividen la larga historia de los asirios en cuatro períodos: 1) el período temprano asirio (c. 2600-c.2025 a. C.), 2) el Imperio antiguo asirio (c. 2025-1378 a. C.), 3) el Imperio asirio medio (1392-934 a. C.), y 4) el Imperio neoasirio (c. 911-609 a. C.).

Como era de esperar, no se sabe mucho sobre el período temprano asirio. Existe poca evidencia arqueológica que pueda pintar un cuadro exacto de cómo podría haber sido la vida, pero se puede tener una idea general basada en los escritos y la evidencia dejada por las civilizaciones cercanas, específicamente los acadianos.

El término asirio se deriva del nombre de la capital asiria, Asur, que muy probablemente se llama así por el dios Assur, que los asirios creían que era el rey de todos los dioses mesopotámicos. Los historiadores creen que la gente vivía en el sitio de Assur ya en el 2400 a. C., pero fue usado principalmente como puesto de avanzada por los reyes sumerios y acadios. Assur se convertiría en una ciudad-estado autónoma a finales del tercer milenio a. C. (c. 2100 a. C.).

Durante el tiempo transcurrido entre la fundación de Assur y el surgimiento del Imperio antiguo asirio, Assur fue en gran medida un estado vasallo del Imperio acadio, mucho más grande, que dominó la Mesopotamia en el tercer milenio controlando la mayor parte del territorio que rodeaba los ríos Tigris y Éufrates. La figura 1 muestra la extensión del territorio controlado por los acadios durante el punto álgido de su influencia.

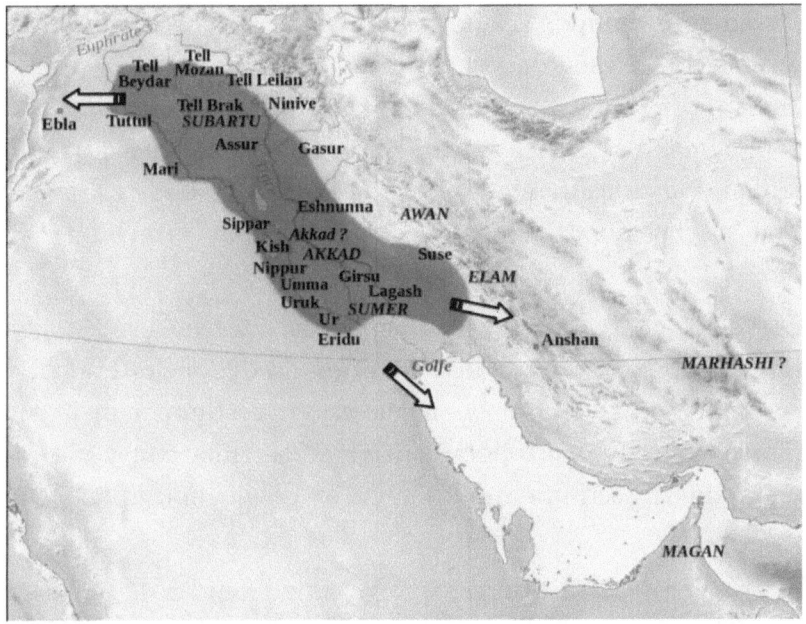

Algunos afirman que el Imperio acadio fue el primero del mundo, aunque es difícil verificar esta afirmación, ya que la comprensión de lo que define un imperio difiere, y es posible que las anteriores civilizaciones sumerias puedan reclamar este título. No obstante, el período acadio es significativo en el sentido de que fue la primera vez que un organismo político pudo unir a las poblaciones de habla sumeria y acadia bajo un mismo gobierno.

La lengua asiria es una lengua semítica, que describe el grupo de lenguas afro-asiáticas que surgieron en el Medio Oriente. Los idiomas semíticos más hablados todavía hoy en día son el árabe, el amhárico (hablado principalmente en Etiopía), el tigrinya (hablado principalmente en Eritrea y Etiopía) y el hebreo. Después del Imperio acadio, el idioma acadio -el primer idioma semítico que cobró importancia en la región- sustituyó al sumerio como idioma de Mesopotamia. En los milenios posteriores a la caída de los acadios, las lenguas semíticas llegarían a dominar Mesopotamia, algo que resultaría bastante útil para Asiria cuando comenzara a desplegar su poder imperial.

Durante los tiempos acadios y sumerios, Asiria se denominaba en los mapas como Subartu, y aunque se desconoce la ubicación exacta de Subartu, se cree que estuvo en las regiones septentrionales de Mesopotamia, cerca del nacimiento del río Tigris. Los acadios utilizaban tradicionalmente esta región como fuente de esclavos, y en general se consideraba el puesto avanzado más lejano del Imperio acadio.

La Lista del Rey asirio documenta los diferentes reyes asirios a partir de la aparición inicial de los asirios alrededor de Assur. La lista fue escrita en una piedra de terracota en escritura cuneiforme -la escritura creada en Mesopotamia que se acredita como uno de los orígenes de la escritura moderna- y se divide típicamente en tres grupos.

El primer grupo, "Los reyes que vivían en tiendas de campaña", se refiere a los líderes de las tribus seminómadas que se establecieron por primera vez en el área que rodea a Assur. El rey más notable de este grupo es Ushpia, pues se dice que fue el rey que construyó el Templo de Assur, momento que a menudo se considera como la fundación de la ciudad de Assur y el nacimiento de la civilización asiria.

Siguiendo a este grupo están "Los Reyes Cuyos Padres son Conocidos", que enumera 11 reyes que gobernaron desde c. 2030 a. C. hasta c. 2000 a. C. Un aspecto interesante de esta parte de la lista es que fue escrita en orden inverso, y a veces se interpreta como una lista de los antepasados de Shamshi-Adad. Esto ha llevado a algunos estudiosos a concluir que la lista fue creada de hecho como un intento de legitimar el reclamo de Shamshi-Adad al trono asirio, pero esta no es una interpretación ampliamente aceptada. El tercer grupo de la lista es el de los reyes cuyos nombres se conocen, pero cuyo linaje ancestral no se puede determinar.

La mayoría de los reyes de esta lista, sin embargo, no eran soberanos independientes, sino vasallos de otros líderes, sobre todo los del Imperio acadio. A veces esto era indeseable, específicamente cuando los líderes acadios necesitaban esclavos y se dirigían al territorio asirio para conseguirlos. Pero en otros momentos, fue extremadamente beneficioso. Por ejemplo, una de las fuentes de poder asirio eran sus puestos de comercio, también conocidos como karem. Establecieron varios de ellos en Anatolia (la parte oriental de la Turquía moderna), y con frecuencia recurrían al apoyo de sus gobernantes acadios para ayudarles a hacer frente a los asaltantes u otras fuerzas hostiles que se encontraban cerca de sus puestos comerciales. Sin embargo, los períodos de debilidad acadiana solían estar marcados por las rebeliones asirias, ya que los reyes asirios trataban de ejercer más poder sobre el territorio que llamaban su hogar. Pero, cuando esto ocurría, normalmente recibía una dura respuesta de los gobernantes acadios. Las personas eran asesinadas o llevadas a la esclavitud como castigo por la insurrección.

El período temprano asirio no es más que una sombra de lo que la civilización asiria se convertiría en los próximos milenios, pero es significativo en el sentido de que sentó las bases de lo que se convertiría en una de las civilizaciones más poderosas y formidables del mundo antiguo. Los primeros asirios se organizaron en una monarquía con Asiria como capital, y su comercio con Anatolia al oeste les ayudó a crecer tanto en tamaño como en influencia. Mientras que militarmente eran todavía débiles en comparación con sus vecinos, esto pronto cambiaría, y la influencia asiria crecería en la región, dando lugar a lo que se conoce como el Imperio antiguo asirio.

Capítulo 2 - El nacimiento de una civilización: Del Imperio Antiguo Asirio al Imperio Asirio Medio

El siguiente período de la historia asiria da nacimiento al Imperio asirio original. Aunque sería mucho más pequeño que cualquiera de los imperios que vendrían después, resultaría ser una parte crucial del desarrollo de la historia asiria. Durante este tiempo, se establecieron las fronteras iniciales de Asiria, y el país comenzó a cultivar su tradición militar, fabricando armas, desarrollando tecnología de asedio como catapultas, planificando campañas, y participando en otras actividades que eventualmente resultarían en que los militares se convirtieran en el mayor activo de Asiria. El Imperio antiguo asirio dio paso al Imperio asirio medio después de que el Reino de Mitanni tomara el control de gran parte de Mesopotamia. Sin embargo, esta derrota no sería más que un punto en el radar en la ascensión de Asiria al imperio más poderoso de la antigua Mesopotamia.

El Imperio Antiguo Asirio

Es importante considerar siempre la historia de Asiria en su contexto. El Imperio asirio surgió de los poderosos reinos que se elevaron a la prominencia después del declive del poder sumerio y babilónico en la región. Como lugar de nacimiento de la civilización humana, la antigua Mesopotamia se define por la guerra constante, las esferas de influencia siempre cambiantes y las alianzas en continua transición entre los diferentes gobernantes y poblaciones. También se define por su demografía, específicamente el papel de los muchos y diferentes grupos étnicos que emigrarían a Mesopotamia, se asentarían y extenderían su influencia sobre los territorios y reinos circundantes.

El Imperio asirio se refiere al territorio que estaba bajo el control del rey que residía en la ciudad de Assur (a veces pronunciado Ashur) y que logró asegurar un reclamo legítimo al trono. Aunque hay referencias a una ciudad de Assur desde el tercer milenio a. C., la mayoría de los historiadores consideran que la construcción del Templo de Ashur en el año 1900 a. C. fue la fecha de fundación de la ciudad de Assur y de la civilización asiria.

Como muchas otras ciudades-estado de Mesopotamia, Asiria se independizó tras la caída de Ur y del Imperio sumerio alrededor del año 2000 a. C. Y debido a su ubicación en el noroeste de Mesopotamia, fue capaz de resistir la influencia de otros reyes más poderosos que surgieron en el sur de Mesopotamia. Sin embargo, aún más significativas para el surgimiento de Assur fueron las relaciones comerciales que logró construir con Anatolia, la región situada en la porción oriental de la actual Turquía.

Al establecer puestos comerciales, conocidos como karem, en toda Anatolia, en gran parte cerca de la ciudad de Kanesh, los mercaderes de Assur pudieron acumular considerables riquezas para su reino. Estas relaciones comerciales también tuvieron otra consecuencia importante, ya que ayudaron a Asiria a desarrollar una fuerte tradición de trabajo del hierro, algo que les ayudaría a desarrollar un ejército muy superior al de cualquiera de los otros reinos mesopotámicos. Y debido a su experiencia con el hierro, estaban mucho más preparados para resistir el colapso de la Edad de Bronce, el período de tiempo justo antes del comienzo del primer milenio a. C., que causó que muchas de las poblaciones de Mesopotamia disminuyeran e incluso desaparecieran.

A pesar de lo ventajoso de este acuerdo para el reino de Assur y lo influyente que fue en ayudar a los asirios a alcanzar el dominio político y militar en Mesopotamia, pasaría bastante tiempo entre la caída de Ur y el surgimiento de los asirios como el hegemón de la región.

La migración masiva de poblaciones indoeuropeas como los hititas, amorreos, huracanes, hatianos y muchos otros, alteraría drásticamente el paisaje político del Creciente Fértil que se inicia alrededor del año 2000 a. C. Antes de que Asiria llegara al poder, tendría que establecer su dominio contra estos grupos.Pero esto resultaría difícil al principio, ya que Babilonia, una ciudad del suroeste de Mesopotamia, se estaba expandiendo rápidamente tanto en influencia cultural como territorial, culminando en lo que se conoce como el "Viejo Imperio babilónico", que estaba gobernado por el ahora famoso Hammurabi y su infame código legal.

Con el surgimiento de Babilonia, Asiria se convirtió en una potencia secundaria en la región, pero aun así logró mantener cierto nivel de independencia, ayudada por las conquistas militares del primer rey del Imperio antiguo asirio, Shamshi-Adad I (1813-1791 a. C.). Su principal objetivo era tratar de tomar el control de la ciudad de Mari, un reino que era una parada importante en la ruta comercial entre Mesopotamia y Anatolia. Sus exitosas conquistas ayudaron a Asiria a establecer fronteras más firmes de lo que habían sido capaces de hacer anteriormente. Shamshi-Adad I también tuvo éxito en expulsar a los hititas, un poder creciente en Anatolia, de las tierras asirias.

Babilonia cayó en el momento de la muerte de Hammurabi en 1750 a. C., y Mesopotamia fue empujada a un período de inestabilidad. Los reyes asirios intentaron afirmar el control sobre la región que rodeaba a Assur, con la esperanza de restaurar el orden en un territorio que había quedado en ruinas tras la caída de la poderosa Babilonia de Hammurabi. Pero no tuvieron éxito.

No fue hasta casi 25 años más tarde, alrededor de 1726 a. C., cuando el rey asirio Adasí llegó al poder y fue una vez más capaz de asegurar el control de las fronteras asirias. Incluso pudo poner bajo su control algunos antiguos territorios babilónicos, pero esto duraría poco, ya que los casitas, un grupo relativamente desconocido originario de las Montañas Zagros y que no hablaba una lengua semítica, tomaron el control de Babilonia y pudieron mantenerla durante la mayor parte de los cuatro siglos siguientes. Sin embargo, después de asegurar Assur y los territorios que la rodeaban, el rey Adasi hizo pocos intentos de expandir la influencia asiria en la región durante los siguientes siglos.

Los siguientes siglos, que representan el fin del Imperio antiguo asirio, no vieron mucho en términos de expansión imperial. No se sabe mucho sobre los reyes que vinieron después de Adasi. A su sucesor, Bel-Bani (c. 1700-1691 a. C.) se le atribuyen más victorias sobre los babilonios y los amorreos (otro grupo cuya influencia se estaba expandiendo al oeste de Asiria), y se dice que estas victorias ayudaron a Asiria a mantener unas fronteras fuertes a lo largo de este período de tiempo.

Después de Bel-Bani surgió Libaya, que se dice que gobernó sobre una Asiria relativamente pacífica y estable, una que fue dejada en gran parte por sus vecinos constantemente en guerra. No está claro si esto se debe a algo que Libaya hizo como gobernante, o si su tiempo como rey coincidió con un período de relativa inactividad de los reinos de Mesopotamia. A la mayoría de los reyes que gobernaron durante los siguientes siglos se les atribuyen victorias militares menores y también la mejora de las ciudades bajo control asirio, sobre todo Assur y Nínive.

Sin embargo, una de las razones por las que la expansión asiria se estancó durante este período se debió al sorprendente, efímero y decisivo dominio de uno de sus vecinos, los Mitanni, que llegaron a dominar hacia el año 1500 a. C. y lograron asegurar una gran sección del territorio mesopotámico en un período de tiempo relativamente corto. Existe poca información sobre cómo los Mitanni fueron capaces de obtener tanto control tan rápidamente. Parece como si hubieran aparecido de la nada, pero esto es probablemente debido a la falta de recursos con respecto a este reino. Sin embargo, jugaron un papel importante en la conformación de la región en este punto particular de la historia.

En este momento particular, la dinastía Casita estaba ganando influencia en Babilonia y una vez más expandiendo la influencia babilónica en la región. Con el reino de Mitanni creciendo su poder hacia el oeste, Asiria se había encajado entre dos poderes más fuertes, resultando en que Assur y otros territorios asirios cayeron brevemente bajo el control de Mitanni. La figura 2 representa un esbozo de cómo habría sido la región en este período de tiempo:

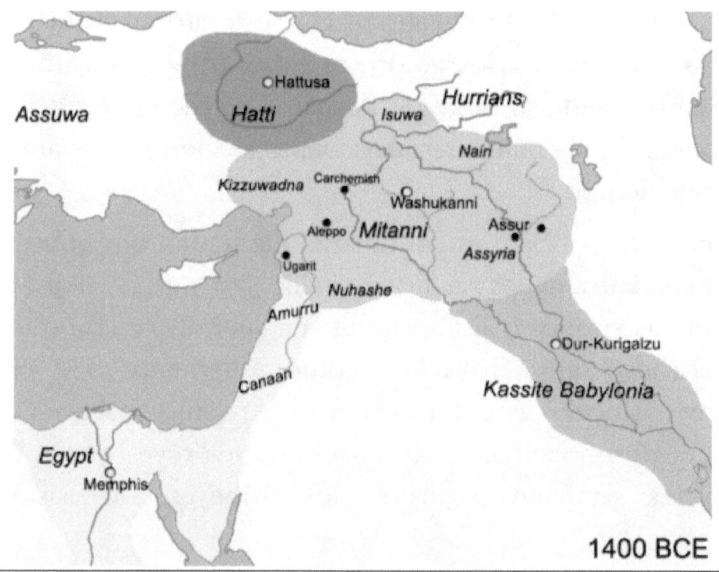

No es sorprendente que, considerando la extrema inestabilidad de la época, la fortaleza de Mitanni no duró mucho tiempo. Los hititas del oeste lanzaron una invasión bajo el Rey Suppiluliuma I y lograron hacer retroceder a los mitanianos, reemplazando a los líderes de Mitanni por hititas. Al mismo tiempo, los reyes asirios pudieron ganar influencia en la corte de Mitanni (que ahora estaba mayormente controlada por los hititas), y esto abrió la puerta para que los asirios volvieran a expandir su influencia en el territorio que rodeaba a Assur.

La figura 3 demuestra cómo el paisaje político de la región cambió en solo 50 años. Asiria tiene ahora un territorio claramente definido al que llamar suyo, y el reino hitita se ha expandido enormemente, dejando a los Mitanni prácticamente fuera del panorama.

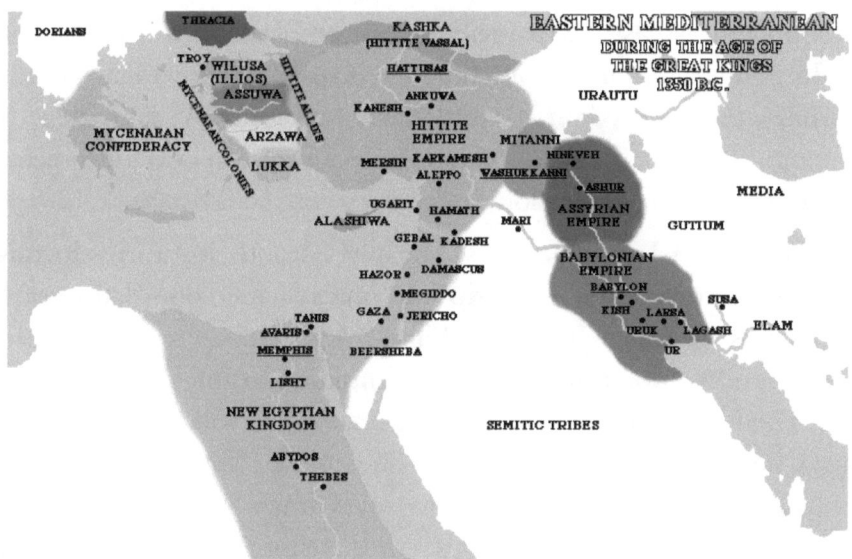

Los historiadores generalmente usan este momento para marcar el cierre del Imperio antiguo asirio. Aunque la influencia asiria durante este período palidece en comparación con lo que sería durante los futuros imperios, su importancia no puede ser descontada.

Es durante este tiempo que Asiria comenzó a establecerse como una potencia en la región. La caída del Mitanni abrió la puerta para que los asirios tomaran el control del territorio que este efímero reino había controlado, y gracias a un tratado acordado con los reyes casitas de Babilonia, no había ninguna amenaza abrumadora en el sur. Las victorias militares obtenidas durante este período de expansión fueron los cimientos de una tradición de guerra que más tarde provocaría temor en los corazones de otras civilizaciones mesopotámicas, creando la oportunidad de que los asirios se convirtieran en el pueblo más poderoso de la región.

Imperio Asirio Medio

El período de expansión que se produjo después de la caída del Imperio antiguo asirio prepararía a Asiria para un éxito a largo plazo. El colapso de la Edad de Bronce que ocurrió hacia el final del 2do milenio a. C. causó que la mayoría de las civilizaciones mesopotámicas casi desaparecieran. Sin embargo, debido a la fuerza del Imperio asirio en el momento del colapso, sobrevivirían, y esto les permitió emerger como el verdadero hegemón de la región. Sin embargo, antes de que esto pudiera suceder, el Imperio asirio pasaría por un período de expansión dramática y cerca del colapso.

Alrededor del año 1350 a. C., después de que los asirios lograron asegurar el control del territorio que una vez fue controlado por los mitanianos y luego por los hititas, los hititas se defendieron, manteniendo a los asirios a raya e impidiendo que se expandieran más. Finalmente, el rey asirio Ashur-uballit I (c.1353-1318 a. C.) fue capaz de derrotar a las restantes fuerzas de Mitanni que estaban controladas por los hititas. Dos reyes más -cuyos nombres se desconocen- vendrían después de Ashur-uballit I, pero no conseguirían extender el alcance del territorio asirio. No sería hasta el ascenso del Rey Adad-nirari I (c. 1307-1275 a. C.) que Asiria comenzaría a expandirse drásticamente. Se las arregló para expulsar a los hititas de sus bastiones, tomando el control de algunas de sus principales ciudades mientras tanto. Esto marca la primera expansión genuina de Asiria más allá del territorio que rodea a Assur, dándoles el control de una porción significativa de tierra que se extendía hacia el oeste de Anatolia.

Adad-nirari I comenzó una política de deportación que se convertiría en estándar para la mayoría de los gobernantes asirios. A medida que las tierras eran conquistadas, sistemáticamente reubicaba grandes sectores de la población. Esta decisión demostró ser un medio eficaz para construir un imperio, ya que dio a los líderes la oportunidad de distribuir estratégicamente la población.

Sin embargo, es importante señalar que el tipo de deportación que tuvo lugar durante los tiempos de los asirios no es el mismo tipo de deportación que pensamos hoy en día. En los tiempos modernos, este término evoca imágenes de personas que son expulsadas de sus hogares y, en algunos casos, son llevadas en grandes manadas de un lugar a otro -el Camino Americano de las Lágrimas, en el que innumerables indígenas americanos fueron enviados desde sus tierras en el sur americano a reservas estériles en el oeste, es un ejemplo clásico- pero no es una descripción justa de las prácticas de deportación llevadas a cabo por los líderes asirios.

De hecho, la deportación asiria fue mucho más calculada. Hay pruebas que sugieren que los líderes asirios planificaron cuidadosamente a quién enviarían a dónde, prestando especial atención a las necesidades del país. Escribas y eruditos fueron enviados a centros urbanos donde podían continuar sus estudios, y otros artesanos cualificados fueron enviados donde podrían usar sus habilidades de la manera más efectiva. No todos fueron elegidos para ser deportados, y las familias rara vez fueron separadas. Aquellos que se quedaron en sus casas y que no se resistieron fueron, en general, absorbidos por la cultura asiria y con el tiempo serían tratados como parientes.

Obviamente, se esperaba lealtad al rey o emperador asirio y la deslealtad se castigaba, generalmente con la deportación, la ejecución o la esclavitud. Debido a la crueldad asociada a estas prácticas, y también a la naturaleza en gran escala y contundente de las políticas de deportación asiria, algunos estudiosos modernos han comparado el imperialismo asirio con el de los nazis en el siglo XX. Sin embargo, la mayoría de los estudiosos estarían de acuerdo en que esta no es una comparación justa y en realidad pinta un cuadro inexacto de cómo los reyes asirios realizaban sus operaciones.

Sin embargo, también sería incorrecto presentar esta práctica como una prueba de la arrolladora benevolencia asiria. Los que se resistieron al dominio asirio, o que lucharon contra la deportación, fueron ejecutados o forzados a la esclavitud. Esta práctica estaba en línea con las costumbres de la época. Cuando un nuevo rey tomaba el control de un territorio, exigía a los que vivían allí que declararan la lealtad y los que no lo hacían eran castigados para desalentar futuras insurrecciones.

Esta política de deportación introducida y llevada a cabo por el rey Adad-nirari I fue una de las principales razones por las que pudo conquistar con éxito casi todo el reino circundante de Mitanni. Su hijo, Salmanasar I, continuaría los pasos de su padre, pero fue el hijo de Salmanasar I, Tukulti-Ninurta I (c. 1244-1208 a. C.), quien llegaría más lejos de lo que ningún otro rey asirio había llegado hasta entonces. Fue un exitoso rey militar, pero como estaba interesado en preservar y promover una cultura asiria común, su reinado sentaría las bases de lo que con el tiempo se convertiría en uno de los imperios, si no el más fuerte, de la antigua Mesopotamia.

Específicamente, Tukulti-Ninurta I asumió la responsabilidad de escribir algunas de sus más significativas conquistas, sentando las bases para una historia asiria común, algo de vital importancia para la construcción del imperio. También amplió el sistema de deportación, siendo mucho más metódico en qué persona o comunidad eligió para reubicarse, su objetivo era tratar de maximizar la capacidad de sus conquistas para ayudar a crecer la cultura asiria y la influencia.

Sin embargo, para tan influyente como Tukulti-Ninurta I fue en el desarrollo de la cultura asiria, fue - como es el caso de la mayoría de los reyes asirios - su éxito militar que definió su tiempo como gobernante. Derrotó a los hititas en la Batalla de Nihriya alrededor del año 1245 a. C., lo que puso fin al dominio hitita en la región, abriendo la puerta para que los asirios tomaran el control de gran parte de Anatolia, la región donde una vez habían comerciado, pero de la que habían sido excluidos debido a la creciente influencia hitita.

Además, Tukulti-Ninurta I fue capaz de subyugar al rey casita de Babilonia, poniendo la ciudad y el territorio que influenció bajo el control de los asirios. Cuando los babilonios intentaron retomar su tierra e incluso empezaron a asaltar el territorio controlado por los asirios, Tukulti-Ninurta I respondió saqueando la ciudad de Babilonia. Destruyó muchos edificios, incluyendo templos sagrados, y esclavizó a partes significativas de la población de la ciudad.

Estas campañas significaron que en el momento de la muerte de Tukulti-Ninurta I, el Imperio asirio se extendió a través de la mayor parte de Mesopotamia, empezando por el oeste hasta Carchemish y extendiéndose hasta Babilonia. La figura 4 da una visión de la extensión estimada del Imperio asirio en este momento. Babilonia no está incluida en este mapa en gran parte porque es poco probable que Tukulti-Ninurta I hubiera sido capaz de mantener el control sobre la ciudad durante mucho tiempo, algo que resultará ser una tendencia a lo largo de la historia asiria.

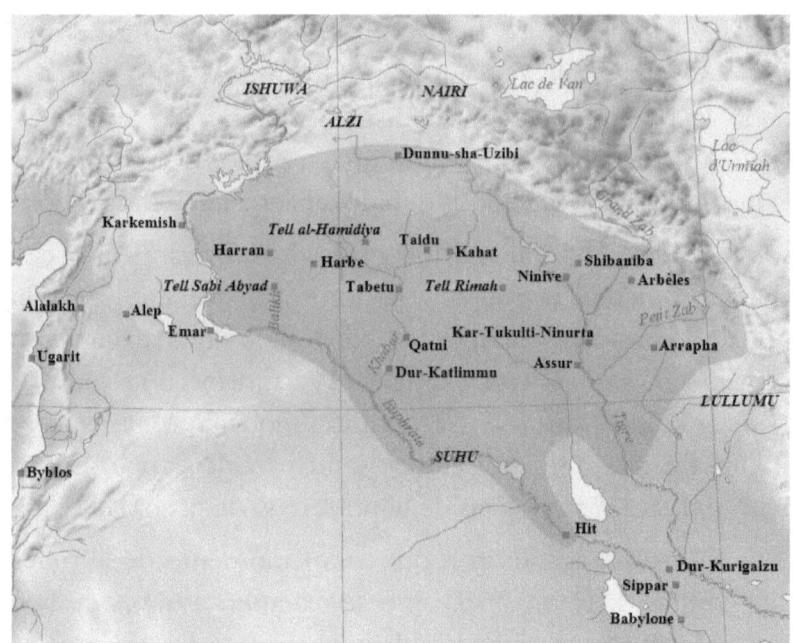

El colapso de la Edad de Bronce y el fin del Imperio asirio medio

Después de la muerte de Tukulti-Ninurta I, el Imperio asirio se estancó, cayendo víctima de lo que los historiadores llaman el colapso de la Edad de Bronce. Esto describe el período de tiempo durante el final del 2do milenio a. C., donde varias grandes civilizaciones colapsaron y eventualmente desaparecieron, siendo absorbidas por reinos más grandes y poderosos. Los efectos del colapso de la Edad de Bronce se sintieron en las civilizaciones que se extendieron desde Grecia hasta los bordes occidentales de lo que hoy es China.

Hay una amplia gama de teorías sobre lo que causó el colapso de la Edad de Bronce. Una de ellas es que los cambios en las condiciones climáticas afectaron dramáticamente la capacidad de estas civilizaciones para producir alimentos, lo que habría obstaculizado gravemente su supervivencia, por no hablar de su expansión. Algunas de las pruebas utilizadas para apoyar esta teoría en realidad provienen de los tiempos modernos. Por ejemplo, una sequía que afectó a Grecia en la década de 1970 fue el resultado de un cambio climático que produjo condiciones secas fuera de temporada en gran parte de las tierras donde existió el colapso de la Edad de Bronce. También hay una teoría de que la erupción del volcán Hekla 3 (H-3) en Islandia en el año 1000 a. C., impactó en la región. Los registros de los tiempos del rey egipcio Ramsés III indican que los egipcios culparon a esta explosión por las hambrunas que estaban experimentando, y algunos climatólogos creen que la erupción del H-3 puede haber creado importantes desafíos climáticos en todo el hemisferio norte que habrían afectado dramáticamente a las civilizaciones humanas de todo el mundo.

Sin embargo, otra teoría que ha cobrado mucha fuerza entre los historiadores es que muchas de las civilizaciones que existieron en esta parte del mundo alrededor del 1200 a. C. todavía dependían en gran medida del bronce para la producción de armas y otras herramientas. Sin embargo, el desarrollo del trabajo del hierro en la actual Rumania y Bulgaria inició un cambio en la forma en que la gente hacía armas y conducía la guerra. Dado que los suministros de bronce más abundantes en la zona provenían de Afganistán, era un reto asegurar este recurso, y alrededor del momento del colapso, el coste relativo de la fabricación de armas estaba aumentando drásticamente.

Esto, combinado con la adopción del hierro por parte de varias tribus guerreras, como los *Sealanders*, que ocuparon el territorio que rodea el mar Negro, dejó a muchas civilizaciones bastante vulnerables a los ataques. Por ello, estas tribus que utilizaban armas nuevas y mejores hechas de hierro pudieron derrotar a ejércitos que de otro modo no tendrían problemas para enfrentarse a ellos, lo que contribuyó a la decadencia generalizada de muchas civilizaciones en Mesopotamia y Asia oriental.

Es difícil probar que alguna de estas teorías sea la causa directa del colapso. Y también es infinitamente más probable que fuera una combinación de todos estos factores diferentes lo que llevó a la eventual desaparición de tantas civilizaciones antiguas. Pero no importa cómo, la realidad es que solo los reinos de Elam -que existe en lo que hoy es Irán, al este del golfo Pérsico- y Asiria fueron capaces de salir del otro lado del colapso de la Edad de Bronce. Y para los asirios, este fue su momento brillante, ya que entraban en el último milenio antes de Cristo listos para asumir el control de la mayor franja de territorio que habían controlado anteriormente.

Pero otra razón por la que Asiria pudo emerger como una fuerza tan poderosa después del colapso es que nunca desapareció. Hay un período relativamente oscuro en la historia asiria desde la muerte de Tukulti-Ninurta I en torno al año 1208 a. C., hasta la ascensión de Tiglath Pileser I en torno al año 1115 a. C., y se cree que durante este período el Imperio asirio se redujo considerablemente, perdiendo el control sobre muchos de los territorios que Tukulti-Ninurta I y sus predecesores habían logrado conquistar. Pero debido a que toda la región se encontraba en estado de crisis, ningún otro reino pudo establecer ninguna forma de control o dominio sobre la gente en Mesopotamia y alrededores.

Mucho cambiaría, sin embargo, en 1115 a. C. cuando Tiglath Pileser I tomó el trono asirio. Utilizando el ejército, Tiglath Pileser I fue capaz de revitalizar la economía, añadiendo recursos al imperio y reubicando las poblaciones de manera estratégica, una práctica que los reyes asirios habían estado utilizando durante algún tiempo. También comenzó a construir ciudades y carreteras. Pero quizás su mayor logro cultural fue la colección de tablillas y guiones cuneiformes. Esta práctica ayudó a expandir significativamente la tradición literaria de Asiria, algo que continuaría hasta el final del período asirio con la famosa biblioteca del Rey Asurbanipal en Nínive.

Las campañas militares de Tiglath Pileser I también ayudaron a extender el alcance del Imperio asirio más allá de lo que cualquier rey había logrado en el pasado. Por primera vez, los reyes asirios pudieron reclamar el dominio de la región conocida como Eber-Nari (el territorio que se extiende a través de la actual Siria, Israel y el

Líbano), lo que significa que Asiria tuvo acceso directo al mar Mediterráneo por primera vez en su historia.

Sin embargo, como ya debe quedar bastante claro, un tema común en la historia asiria, y en la de Mesopotamia en su conjunto, es la inestabilidad. El control que el Imperio asirio tenía sobre Mesopotamia en este momento sería efímero. Tiglath Pileser I murió, y le sucedió su hijo, Asharid-apal-Ekur, que esencialmente extendió las políticas de su padre, pero que también solo gobernó durante dos años. El hermano de Asharid-apal-Ekur, Ashur-bel-Kala, tomó el relevo a la muerte de su hermano, y aunque su reinado comenzó sin problemas, pronto se vio sumido en el caos cuando un usurpador desafió al trono. Al final no tuvo éxito, pero la guerra civil que resultó de esta acción lanzó el imperio al caos y lo abrió a los adversarios, que rápidamente se movieron para apoderarse del territorio que Tiglath Pileser I había logrado conquistar.

La primera zona en ir fue Eber-Nari, que los arameos incautaron, eliminando el acceso de Asiria a las valiosas ciudades portuarias del Mediterráneo. Además, Mari y Babilonia volvían a subir al poder, desafiando el control asirio tanto en el norte como en el sur. Durante este período de agitación, fue todo lo que los reyes asirios, incluidos Tiglat Pileser II y Salmanasar II, pudieron hacer para mantener los territorios centrales del Imperio asirio, perdiendo la mayor parte del territorio que habían ganado durante los dos siglos y medio anteriores.

Este período marca el final de lo que se conoce como el Imperio asirio medio. Comienza alrededor del momento en que los asirios cayeron bajo el control del efímero, pero sorprendentemente expansivo Imperio de Mitanni, siendo testigos de la mayor expansión imperial hasta la fecha, y luego termina con los reyes asirios aferrándose con fuerza a los territorios que rodean a Asiria cuando los enemigos de todos los lados comenzaron a fortalecerse y a avanzar en Asiria. Sin embargo, a diferencia del Imperio antiguo asirio, que desapareció por completo, el Imperio asirio medio permanecería en gran parte intacto, preparando el terreno para el mayor período de la historia asiria en términos de territorio controlado y dominio militar. Es un período conocido como el Imperio neoasirio, o en algunos casos, el Imperio asirio tardío.

Sin embargo, antes de ir demasiado lejos en esta era de Asiria, es importante recapitular algunos de los temas comunes del primer milenio de la historia asiria. A estas alturas, debería quedar claro que el dominio militar es el secreto del poder en Mesopotamia. Como centro de la migración masiva tanto del Este como del Oeste, y también como una de las partes habitadas más antiguas del planeta, grandes y poderosas ciudades aparecieron relativamente cerca unas de otras. La lucha por los recursos y la gloria era sangrienta y constante.

Además, la rebelión era frecuente, lo que significaba que los líderes a menudo tenían que hacer la guerra para reconquistar los territorios tomados por los predecesores. Sin embargo, a pesar de toda esta guerra, se produjeron importantes avances culturales y científicos, en concreto el uso cada vez más extendido de la escritura, así como la difusión del trabajo del hierro. Todo esto prepararía el escenario para el Imperio neoasirio. La historia les había enseñado que, para mantener el control de una gran extensión de territorio, se necesitaría una fuerza militar brutal y calculada, y a medida que el calendario pasaba del año 1000 a. C. al 999 a. C., los reyes asirios tuvieron finalmente la determinación y la tecnología para convertirse en uno de los imperios más poderosos e influyentes que jamás hayan existido en el mundo antiguo.

Capítulo 3 - El comienzo del Imperio Neoasirio

El período de tiempo desde c. 911 a. C., hasta c. 607 a. C., se conoce como el Imperio neoasirio, y marca el período más glorioso del Imperio asirio. Es durante este tiempo que el Imperio asirio crecería para controlar lo que entonces se consideraba las "Cuatro Esquinas del Mundo". Muchos pueden reconocer esta frase de la Biblia, y se utilizó para describir los territorios bordeados por algunos de los mayores ríos del antiguo Cercano Oriente, comenzando por el Gihón en Etiopía, pasando por el Tigris en Asiria, hasta el Éufrates en Armenia y terminando con el Pisón en Havila o Elam. Iba a ser el mayor imperio de la antigua Mesopotamia, y también pasaría a ser uno de los más brutales, con comparaciones que a menudo se hacen entre los famosos reyes de Asiria y algunos de los otros líderes más conocidos pero despiadados del mundo, como Gengis Khan. Jerjes y Adolf Hitler.

Sin embargo, muchos historiadores se opondrán a comparar estos antiguos gobernantes con los de Adolf Hitler y los nazis. Nadie en la historia ha igualado la brutalidad llevada a cabo por Hitler en Europa y en la población judía del mundo, y estos antiguos gobernantes, incluidos los de Asiria, utilizaban las tácticas típicas de una época en la que la guerra, la esclavitud y la deportación eran los modos normales de establecer y mantener el poder. ¿Eran brutales comparados con los estándares modernos? Sí. Pero no eran más brutales que los romanos, que trazaban caminos con cruces donde los que se negaban a someterse eran crucificados.

El punto aquí es señalar el significado del contexto. Para Asiria, la expansión que tuvo lugar en esta última parte de su historia fue motivada, como se podría esperar, por el deseo financiero. El reinado de Tiglath Pileser I enseñó a los reyes asirios que la guerra, a través de la recompensa que trajo, era altamente rentable. Y como los reyes asirios eran como la mayoría de los otros reyes de la época, se veían a sí mismos como extensiones de los dioses. La construcción de grandes palacios y rodearse de una enorme riqueza era un medio eficaz de comunicar esto a sus súbditos. Esta expansión de la riqueza, además de la victoria militar, fue la fuente de poder para los reyes asirios, y cuando se combinó con la codicia y la ambición de los seres humanos, creó la receta perfecta para un poderoso imperio.

Sin embargo, es importante no descartar la expansión imperial asiria durante este período de tiempo como el mero deseo de los reyes de enriquecerse. También había razones estratégicas. El comercio era de suma importancia para los asirios, y a principios del siglo X a. C., esto estaba en peligro. Las tribus, principalmente diferentes grupos de arameos, bloquearon o amenazaron las rutas comerciales a través de las montañas de Zagros, estancando el comercio con Anatolia, y al sur, los arameos amenazaban con cerrar el comercio con las ciudades cercanas al golfo Pérsico.

A finales del siglo X a. C., Asiria controlaba un territorio que no se extendía más de 1.600 km de ancho y 800 km de ancho. Sin embargo, las ciudades asirias eran fuertes y estaban estrechamente conectadas. Y en comparación con los otros actores principales de la región, era la mejor posicionada para poder expandirse significativamente. Egipto era esencialmente impotente, controlado en gran parte por los reyes libios, y otros reinos, como los medos y los persas en Irán, estaban todavía demasiado lejos para ser una gran amenaza, y en Armenia, Urartu, un reino que se elevaría al poder en el curso de este milenio, no era todavía poderoso. Así que, aunque el territorio asirio a finales del siglo X era pequeño, el escenario estaba preparado. Y a medida que reyes poderosos y astutos llegaban al trono en relativa sucesión, la influencia de Asiria en la región se expandió rápidamente.

La expansión comenzó justo más allá del territorio asirio y se extendió lentamente. Sin embargo, a medida que Asiria se expandía, entraba en contacto con enemigos cada vez más poderosos, lo que hacía cada vez más difícil para los reyes asirios mantener el control sobre su territorio. Los territorios conquistados fueron perdidos por revueltas, y la agitación interna frenó la marcha asiria a través de las llanuras de la Mesopotamia.

Sin embargo, en el transcurso de los siguientes 350 años, Asiria se convertiría en la superpotencia en Mesopotamia y en el extranjero. Pero para asegurar esta posición, Asiria y su pueblo estarían en un estado de guerra perenne, una constante en cualquier historia de conquista imperial, pasada o presente.

Un Despertar del Imperio: El resurgimiento de los asirios

La ascensión del Rey Adad-nirari II generalmente marca el comienzo del Imperio neoasirio. Fue en esta época que Asiria "despertó" y comenzó a expandirse más allá del territorio que rodeaba a Asiria. La mayoría de las campañas de Adad-nirari II consistieron en retomar territorios que se habían perdido después de Tiglat Pileser I, sobre todo el Eber-Nari, el territorio que abarca Israel, Siria y el Líbano. Entonces pudo asegurar estas fronteras enviando gobernadores asirios para supervisar estos territorios con tropas asirias y también ejecutó a los resistentes o los deportó al corazón del imperio donde podían ser controlados más fácilmente.

Otras campañas ayudaron a asegurar territorios en el Kurdistán (norte de Irak y sudeste de Turquía). Sin embargo, uno de los logros más importantes de Adad-nirari II no fue en realidad una conquista militar sino más bien un tratado. Tras derrotar dos veces al rey babilónico Shamash-mudammiq, el rey asirio pudo tomar el control de grandes franjas del territorio babilónico del norte. Cuando un nuevo rey babilónico tomó el trono, Adad-nirari II tuvo menos éxito en sus conquistas, pero fue capaz de organizar un tratado que aseguró la paz entre los dos reinos durante los siguientes 80 años. Esto es significativo porque implicaba que los reyes asirios no tenían que preocuparse por sus poderosos vecinos del sur, liberándolos para centrarse en campañas por todo el Levante y Canaán.

En el 890 a. C., Tukulti-Ninurta II tomó el trono, pero solo gobernaría durante seis años. Durante este tiempo, no pudo expandir significativamente las fronteras del imperio, pero logró expandir las posesiones reales en Assur, reconstruyendo las murallas de la ciudad. Las pocas campañas que llevó a cabo lograron ganarse el apoyo de los arameos al sur y al oeste de Asiria, reforzando aún más el control asirio sobre Mesopotamia. En el año 893 a. C., Tukulti-Ninurta II murió, y entregó el reino -que se estaba volviendo rápidamente un poderoso imperio- a su hijo, Asurnasirpal II, que sería el primero de una larga lista de reyes asirios que ahora se consideran entre los líderes más poderosos y despiadados de la historia.

Al tomar el trono, Asurnasirpal II inmediatamente se dispuso a lo que se convertiría en una serie de campañas militares. Comenzó aventurándose en las montañas al norte de Asiria, despejando la región de tribus y afirmando su dominio. Inmediatamente después dirigió su atención hacia el oeste, fijando su mirada, como tantos otros grandes gobernantes asirios, en el Mediterráneo y las riquezas que prometía, asegurando mientras tanto más territorio a través de Siria y el Líbano. Después de sus éxitos allí, se volvió hacia Asiria, estableciendo el dominio asirio en el territorio que rodea al río Éufrates.

Si se compara con los reyes que vendrían después de Asurnasirpal II, la cantidad de territorio que añadió al imperio fue relativamente pequeña. Sin embargo, no se puede pasar por alto su contribución a la consolidación de las ganancias anteriores y al establecimiento de un mayor dominio. Las recompensas y tributos que adquirió como resultado de sus conquistas aumentaron considerablemente las riquezas del imperio y ayudaron a remodelar la situación geopolítica de la región, concretamente la ascensión de los asirios como una de las potencias dominantes en Mesopotamia. Pero quizás el acontecimiento más significativo que surgió del reinado de Asurnasirpal II fue que los reyes asirios tenían ahora la reputación de liderar campañas militares brutales y despiadadas, y la idea de un ejército asirio fortalecido y movilizado habría infundido temor en los corazones de todos los reyes de la zona, sin importar el tamaño o la fuerza de su reino.

Sin embargo, por muy importante que fuera la política exterior de Asurnasirpal II, también contribuyó al crecimiento interno, en gran medida mediante la construcción. Su proyecto de construcción más importante fue su palacio. La mayoría de los monarcas mesopotámicos tenían una sed insaciable de construir, ya que veían en ello una forma de establecer su condición de semidioses y su legitimidad para gobernar. Parte de los deberes reales de un rey asirio era asegurarse de que los templos y otros edificios religiosos de las dos principales ciudades asirias, Assur y Nínive, se mantuvieran y ampliaran adecuadamente. Y aunque Asurnasirpal II no pasó por alto esta responsabilidad, decidió construir su palacio en Calaj, la ciudad que la Biblia llama Nimrud, como su capital.

Algunos historiadores se preguntan si se eligió esto porque estaba mejor defendido; Assur estuvo peligrosamente expuesto a los ataques del oeste, y es razonable preguntarse si Asurnasirpal II eligió a Calaj porque no poseía estas mismas vulnerabilidades. Pero no importa la razón, el palacio de Asurnasirpal II está considerado como uno de los más formidables de los palacios construidos por los reyes asirios.

Asurnasirpal II fue sucedido por Salmanasar III en el 858 a. C., y su reinado estaría casi totalmente definido por la guerra. En resumen, se encontró fuera luchando y conquistando durante 31 de los 34 años que pasó como rey, un número notable incluso para los estándares asirios.

Durante este tiempo, los soldados asirios se las arreglaron para ir más lejos de lo que cualquier asirio había logrado antes. Se introdujeron y recibieron tributos de reyes y príncipes en Armenia, Cilicia, Palestina, y hasta algunos de los reinos tradicionalmente leales al trono babilónico, llegando casi a las costas del golfo Pérsico. En el proceso de hacer esto, logró sofocar las rebeliones y fortificar aún más los territorios conquistados por su padre.

Sin embargo, el reinado de Salmanasar III sería un punto de inflexión en la historia asiria, en gran parte debido a la dificultad de intentar conquistar enemigos cada vez más poderosos. Muchos reyes asirios antes de Salmanasar III intentaron conquistar toda Siria y su capital, Damasco. Pero casi siempre no tuvieron éxito, y Salmanasar III caería en un destino similar. Lanzó varias campañas en Siria contra varias ciudades diferentes, pero finalmente se vio obligado a aceptar la derrota.

En el sur, sin embargo, Salmanasar III tendría mucho más éxito, ya que fue capaz de poner la ciudad de Babilonia bajo control asirio. Durante la parte inicial de su gobierno, dejó este reino, una vez poderoso, solo al sur, debido al tratado firmado a principios de ese siglo, para que Babilonia pudiera tener la oportunidad de hacer frente a sus propias amenazas a la seguridad. Sin embargo, cuando estalló la rebelión y los reyes babilonios pidieron el apoyo de Salmanasar III y los asirios, lo tomó como una oportunidad para extender el reino asirio más al sur.

Pero, aunque Salmanasar III fue capaz de expandir el alcance del poder asirio, algunos historiadores sugieren que no llegó tan lejos como podría haberlo hecho. Al dedicar tanto tiempo y energía en el intento de conquistar Siria, se cree que perdió la oportunidad de extender más el reino hacia el sur. De hecho, al final del reinado de

Salmanasar III en el 824 a. C., la mayoría sigue considerando que Asiria no es mucho más que un gran reino mesopotámico del norte.

La figura 5 da una idea de la extensión de Asiria en el momento en que Salmanasar III murió y entregó el reino a su hijo, aunque no es del todo exacto, ya que muestra a Damasco bajo control asirio. Esto no ocurrió hasta que Adad-nirari III tomó el trono y se hizo lo suficientemente mayor para llevar a cabo sus deberes como rey. Este mapa también muestra cómo se veía el Imperio asirio en la cima de su dominio. Y mientras que en el año 824 era con diferencia el reino más poderoso de Mesopotamia, las luchas internas impedirían que se expandiera mucho más durante otros 25 años.

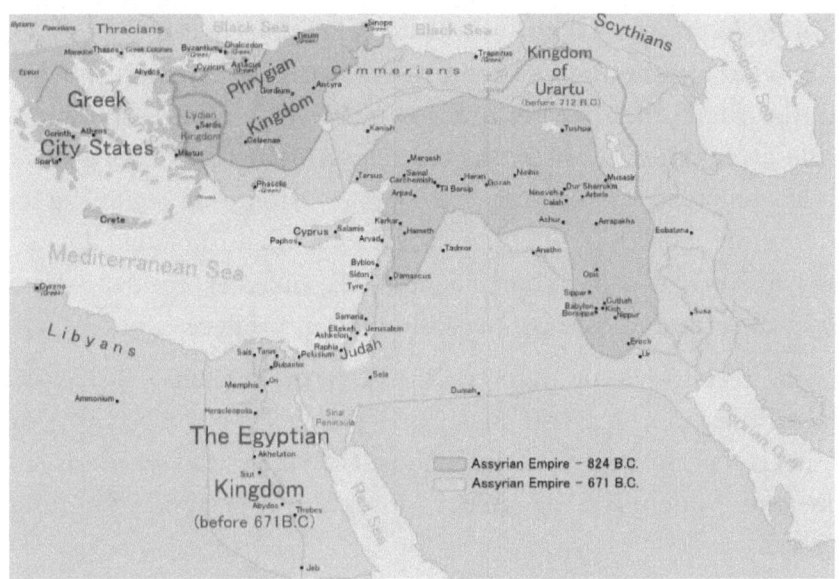

Rebelión y estancamiento imperial

Poco antes de la muerte de Salmanasar III, uno de sus hijos, Ashur-danin-aplu, con el apoyo de unas 27 ciudades, se rebeló contra el rey. Sin embargo, en ese momento, Salmanasar III era demasiado viejo para enfrentarse a la rebelión por sí solo, así que nombró a su príncipe heredero, Shamshi-Adad, para que se ocupara de la insurrección. Esta lucha interna por el control del Imperio asirio comenzó una guerra civil que continuaría después de la muerte de

Salmanasar III en 824, que llevó a la ascensión oficial de Shamshi-Adad, que sería conocido como Shamshi-Adad V.

Aunque la rebelión detuvo la expansión imperial de Asiria, no fue una crisis tradicional ya que no alteró dramáticamente las estructuras de poder del reino. Nadie buscaba derrocar al rey. En su lugar, el propósito de la rebelión fue arrojar luz sobre algunas de las prácticas corruptas de los gobernadores provinciales que habían ido demasiado lejos e intentaban asumir demasiado poder. Los insurgentes querían un rey que fuera capaz de poner orden en una situación que se estaba volviendo cada vez más incontrolable.

Sin embargo, aunque nadie buscó la destitución del rey, Shamshi-Adad tardó cinco años en sofocar las rebeliones que habían estallado en las ciudades de todo el reino. Pero parte de la razón por la que esto llevó tanto tiempo fue que los príncipes y reyes, especialmente los de las regiones montañosas cercanas a Armenia, se aprovecharon de la debilidad asiria para retener el tributo y renunciar a la "protección" asiria, lo que significaba que Shamshi-Adad tenía que hacer campaña para reafirmar una vez más el control sobre el territorio recientemente conquistado por sus predecesores.

Esto resultó ser un reto, ya que Urartu, un reino de Armenia, estaba ganando lentamente más y más poder. En retrospectiva, esto es un hecho presagiador, ya que Urartu demostraría ser uno de los principales enemigos de Asiria durante su período de dominio imperial.

El reinado de Shamshi-Adad no duró mucho tiempo, y fue casi totalmente definido por la rebelión en el 827 a. C., y la posterior guerra necesaria para poner fin a la misma. Cuando murió en el 810 a. C., no había logrado añadir ningún nuevo territorio al imperio. Pero su gobierno no fue en vano, ya que restauró el orden y puso a su hijo a continuar la conquista militar de Mesopotamia y más allá.

Cuando Shamshi-Adad murió en 810, su hijo, Adad-nirari III, era demasiado joven para tomar el poder. Su madre, Sammuramat, también conocida como Semíramis, asumió el cargo de regente. Por razones desconocidas para los historiadores, Semíramis se ha convertido en el centro de muchas leyendas. Diferentes tradiciones, que van desde la mitología griega a la tradición iraní, hablan de una reina diosa asiria que realizó grandes, si no mágicas, hazañas. Se desconoce de dónde provienen estas leyendas, aunque algunas teorías sugieren que ella pudo haber llevado a las tropas asirias a la victoria contra los medos y que esto insertó su nombre en el folclore, que luego fue distorsionado y difundido a lo largo del tiempo. Pero es difícil, si no imposible, validar estas afirmaciones.

Parte de la razón por la que es tan sorprendente que Semíramis sea una figura tan legendaria es que su época como reina fue relativamente tranquila. Durante este tiempo, no hubo ganancias significativas para el imperio, y no hubo excesivas amenazas a la estabilidad. Parece como si todo el reino hubiera esperado a que Adad-nirari III alcanzara la mayoría de edad y comenzara su reinado.

Su primer año como rey fue cuatro años después de la muerte de su padre, 806 a. C., y poco después de convertirse en rey lanzó una serie de campañas militares que, aunque prometedoras, no ofrecerían mucho en términos de construcción y expansión del imperio.

Adad-nirari III empezó por terminar el trabajo que su abuelo no había podido completar; invadió Siria e impuso tributos a los neo-hititas, fenicios, filisteos, israelitas y edomitas. Triunfó en la invasión y la conquista, lo que significa que exigió con éxito el pago de tributos a su gobernante, la ciudad de Damasco, y los territorios que controlaba. Adad-nirari III también entró en los territorios controlados por los medos al noreste y los persas al este. La leyenda asiria indica que estos líderes cayeron de rodillas para someterse a los asirios, pero esta versión de los hechos ha sido reprochada desde hace mucho tiempo. De hecho, las campañas militares de Adad-nirari III pueden describirse mejor como incursiones inusualmente exitosas, no como una conquista genuina, y el reinado de Adad-nirari III señala el comienzo de un período de declive imperial.

Los cuatro hijos de Adad-nirari III se convertirían en reyes, empezando por Salmanasar IV, que se convirtió en rey en el 782 a. C. y gobernó durante nueve años hasta el 773 a. C. Durante la época de Salmanasar IV y sus tres hermanos, el desarrollo más importante de la historia asiria tuvo lugar fuera de Asiria. El reino de Urartu se había hecho bastante poderoso y había establecido fortalezas tanto en Siria como en Irán. Varias expediciones de los reyes asirios que gobernaron durante la mayor parte del siglo VIII a. C. fueron frenadas por las fuerzas urartianas, y esto impidió que Asiria añadiera un territorio significativo a su imperio.

Este período de la historia asiria se conoce como el Intervalo, ya que marca una ruptura en la acción después de los influyentes reinados de Asurnasirpal II y Salmanaser III. Sin embargo, el Intervalo no es mucho más que un punto en el radar, y este período de estancamiento imperial terminaría con la llegada al trono de Tiglat Pileser III en el 744 a. C., lanzando la última y más gloriosa etapa del Imperio asirio.

Capítulo 4 - Expansión Imperial y la Edad de Oro del Imperio Neoasirio

Los siguientes cuatro reyes que tomaran el trono asirio presidirían el período más significativo de la historia imperial asiria, pero también lo llevarían al borde del colapso. Los dos primeros reyes, Tiglath Pileser III y Sargón II, lograrían importantes victorias militares, expandiendo el territorio controlado por los asirios hasta su punto más grande jamás antes alcanzado. Darían paso a Senaquerib y Asarhaddón, que consolidarían y aprovecharían estas victorias -en gran medida gracias a la conquista de Egipto- y contribuirían significativamente al desarrollo cultural asirio. Al final del gobierno de Asarhaddón, el Imperio asirio fue más grande que en cualquier otro momento de su historia. Y aunque este momento podría considerarse el punto máximo del Imperio asirio, también fue el principio del fin.

La gran mayoría de la expansión de Asiria tuvo lugar al norte, noroeste y oeste de Assur y, debido a la falta de una verdadera superpotencia en estas regiones, los asirios fueron libres durante este período para librar guerras que frecuentemente resultaron en una victoria, y esto les permitió expandir su influencia sobre un inmenso pedazo de tierra que se extendía desde Egipto hasta el golfo Pérsico.

Sin embargo, esto no quiere decir que su expansión haya sido fácil, y no pretende restarle importancia a la destreza militar de los líderes durante el tiempo de expansión y consolidación. Pero vale la pena mencionarlo, ya que es improbable que Asiria hubiera podido expandirse hasta el punto en que lo hizo si se hubiera visto obligada a centrarse en sus fronteras meridionales.

Babilonia, que se encuentra en el lado sur del Creciente Fértil, había sido una potencia desde que Hammurabi tomó el trono de Babilonia a finales del 2do milenio a. C., y su posición de dominio no vacilaría significativamente durante el tiempo en que Asiria se estaba formando en un país distinguible y en una formidable potencia regional.

Como tal, la historia del Imperio neoasirio está estrechamente ligada a cómo los reyes asirios trataron la problemática de Babilonia. Como ambiciosos conquistadores, casi todos los reyes asirios querían reclamar algún grado de control sobre Babilonia y las muchas ciudades que le rendían tributo, pero la mayoría temía la acción militar directa contra sus vecinos del sur. La implicación asiria en los asuntos babilónicos solía tener lugar como resultado de una rebelión o como resultado de reyes babilonios demasiado ambiciosos. Estos ambiciosos reyes pensaron que podían coger a Asiria por sorpresa mientras su atención se dirige a otros lugares del Cercano Oriente y posteriormente desafiar la autoridad asiria en la región, o incluso invadir y conquistar áreas mucho más cercanas al centro imperial asirio.

Sin embargo, el destino del Imperio asirio tardío está ligado a la forma en que trató con sus vecinos del sur. La ascensión de Tiglath Pileser III marca el comienzo de un siglo de participación asiria en los asuntos babilónicos, que iría desde un sistema de gobierno indirecto hasta un saqueo total de la ciudad. Estas decisiones de los ambiciosos reyes asirios acabaron siendo una insensatez, ya que la inestabilidad que acompañó a la resistencia babilónica al dominio asirio fue el núcleo del declive imperial.

La relación entre Babilonia y Asiria se describe en detalle en el capítulo 5, relatando la historia desde la ascensión de Tiglath Pileser III hasta la caída de Asiria en el asedio de Harrán en 627. El capítulo siguiente trata de la expansión del ejército asirio hacia el oeste, el norte y el noroeste, a medida que los reyes asirios, principalmente Tiglat Pileser III y Sargón II, comenzaron a ejercer un control genuino sobre las regiones de Palestina, Anatolia, Urartu, Fenicia y, finalmente, Egipto.

Aunque varios otros reyes seguirían a estos dos infames monarcas, sus ganancias imperiales -aparte de la breve subyugación del reino de Egipto- eran mucho más modestas, y las luchas internas acabarían por sacudir el imperio en su núcleo y ponerlo de rodillas.

Tiglath Pileser III: Llevando el Imperio a la frontera egipcia

La historia de la ascensión al trono de Tiglath Pileser III en el 744 a. C., está envuelta en misterio. Parece que hubo una revolución, que resultó en que Tiglath Pileser III fuera nombrado rey, pero se sabe muy poco acerca de su parentesco y de la reclamación que pudo haber tenido al trono.

Las dos teorías principales son que esta ausencia de información es simplemente un error de registro y que de hecho hay un linaje directo con los antiguos reyes asirios, ya que Tiglath Pileser III afirmó ser uno de los hijos de Adad-nirari, que solo podría haber sido Adad-nirari III. La otra conjetura es que la discrepancia que rodea a Tiglath Pileser III es el resultado de una deliberada mala interpretación diseñada para oscurecer la verdad sobre cómo se convirtió en rey.

Sin embargo, ninguna de las dos teorías ha podido ser probada, ya que no existe ninguna fuente fiable que apoye una teoría sobre la otra. Pero no importa cómo llegó al trono, no hay duda de que Tiglat Pileser III fue uno de los más grandes reyes de Asiria. Su tiempo como gobernante comenzó un período sin precedentes de expansión imperial que vería al Imperio asirio extenderse tan al oeste como Egipto y tan al este como Babilonia.

Sin embargo, cuando Tiglat Pileser III se convirtió en rey, la mayor amenaza para el dominio asirio era el reino de Urartu, que se encontraba al norte de Asiria en la región montañosa que ahora es Armenia. Los textos de la época de la ascensión de Tiglat Pileser III sugieren que pensó en este territorio como asirio durante mucho tiempo, lo que significa que habría sentido la responsabilidad de defenderlo y mantenerlo bajo control asirio. Pero como los reyes asirios se habían preocupado más por la expansión hacia el oeste, el control político asirio en el territorio al norte de Asiria se había debilitado, y muchas ciudades y reinos cambiaron ya sea declarando la lealtad al reino de Urartu o manteniendo su propia independencia.

Durante los primeros diez años del reinado de Tiglat Pileser III, se preocupó en gran medida por recuperar algunos de los territorios que habían caído fuera del control asirio durante el período de Intervalo. Emprendió campañas que terminaron con él asegurando el tributo de ciudades de toda la Alta Mesopotamia, como Karkemish, Milid, Gurgum, Tabal, Kaska y Que. También realizó incursiones por toda Babilonia y deportó a grandes grupos de arameos a las recién adquiridas provincias sirias.

En el año 735, Tiglath Pileser III creía que había hecho lo suficiente en términos de rodear el reino de Urartu para garantizar una invasión a gran escala. El ataque consistió en un asalto directo a la capital del reino de Urartu, Tushpa, que se encuentra directamente al norte de Assur, en las montañas de Zagros (véase la figura 5).

El éxito de esta campaña habla de dos acontecimientos significativos en el Imperio asirio. El primero es que demostró la destreza de Tiglath Pileser III como comandante militar. Fue capaz de retomar el territorio perdido durante el Intervalo y derrocar lo que se había convertido en el reino más poderoso de la alta Mesopotamia en un período de solo diez años, lo que habla de la cuidadosa planificación, perspicacia estratégica y agudeza política del rey asirio.

Fue capaz de formar alianzas, someter reinos y preparar su ejército para una ambiciosa invasión que salió sorprendentemente bien.

Lo segundo es que estableció lo que vendría a ser la marca registrada de las tácticas militares asirias: el asedio. Esto es cuando un ejército se establece en las afueras de una ciudad, deteniendo todo movimiento dentro y fuera de ella, efectivamente matando de hambre a la población y reduciendo su voluntad de sobrevivir tanto que no tienen otra opción que someterse. El trato de los asirios a los reyes y otros nobles que se resistieron a la invasión y que finalmente perdieron su ciudad por el asedio fue particularmente duro y es parte de lo que dio a los reyes asirios la reputación de ser tan crueles. No sería raro que el ejército asirio matara al rey de la ciudad conquistada, le despellejara la piel y lo pusiera en exhibición para señalar a la población local lo que pasaría si se resistían al dominio asirio.

Aunque esto puede parecer duro en comparación con los estándares modernos, el terror era una forma regular de coerción en la antigüedad. Las instituciones políticas relativamente ineficaces significaban que los líderes tenían que recurrir al miedo como medio para controlar a las poblaciones. Sin embargo, si estas acciones estaban justificadas o no, no es realmente el tema que nos ocupa. Lo importante es recordar que las tácticas asirias tuvieron éxito en infundir miedo en los corazones de sus oponentes, y esto pareció ser particularmente exitoso durante los reinados de los reyes, comenzando con Tiglat Pileser III y continuando hasta el final del Imperio neoasirio.

Con el norte y el oeste ahora firmemente bajo su control, Tiglath Pileser III era libre de perseguir una ambición que muchos reyes asirios antes que él habían deseado, pero no habían logrado adquirir: El sur de Siria y Egipto.

En ese momento, después de escuchar las numerosas victorias de Tiglat Pileser III y sus ejércitos, muchas de las principales ciudades sirias, incluida Damasco, se habían sometido voluntariamente a tributo, lo que significaba que Tiglat Pileser III no necesitaba ocuparse de la conquista de esos territorios y podía en cambio continuar hacia el sur. En el año 734 a. C., marchó a Gaza, saqueándola tras la conquista, y comenzó a fijar su mirada más al sur y al oeste, hacia Egipto, pero se vio obligado a reducir la velocidad y, en cambio, a ocuparse de las rebeliones que estaban estallando en toda Siria.

Siguieron varios años de guerra, incluyendo múltiples intentos fallidos de saquear Damasco. Sin embargo, en el 732 a. C., el asedio de Damasco por parte del ejército asirio finalmente tuvo éxito, y la ciudad se convirtió en una provincia del Imperio asirio. A finales del año 732 a. C., Tiglat Pileser III pudo volver a sus ambiciones de conquistar Egipto y tuvo un éxito moderado, estableciendo fortalezas a lo largo de la frontera egipcia; al hacerlo, recibió el tributo de varias tribus y reinos árabes de la península del Sinaí.

Estas campañas dieron como resultado la anexión de grandes franjas de territorio que se extendían hasta lo que ya era el antiguo reino de Urartu en el norte y Fenicia y la península del Sinaí en el oeste. Se hicieron breves expediciones para expandir el Imperio asirio hacia el este, lo que dio lugar a enfrentamientos con diferentes fuerzas asociadas con el Imperio medo. Tiglath Pileser III logró un éxito leve, pero la expansión del territorio no fue nada comparado con lo que pudo hacer en el oeste.

Y fue en esta época que Tiglath Pileser III comenzó a involucrarse más con Babilonia, que se encuentra al sur de Asiria. Babilonia es una ciudad en el sur de Mesopotamia que había sido una fuerza considerable en la zona desde la época de Hammurabi, controlando no solo el territorio que rodeaba la ciudad, sino también las tierras que se extendían a través del sur de Mesopotamia, llegando hasta el golfo Pérsico. El término "Babilonia" se refiere típicamente a todo el estado, es decir, a la propia ciudad de Babilonia y a la red de otras ciudades y territorios que habían declarado su lealtad al rey babilonio y/o le estaban rindiendo tributo. Las campañas asirias en Babilonia y las relaciones con sus reyes se describen en la siguiente sección, en gran medida porque el destino de Asiria casi siempre estuvo ligado a la forma en que manejaba a su poderoso vecino del sur. Los intentos de someter a los reyes babilonios al dominio asirio serían una de las razones principales de la eventual caída del Imperio asirio.

El reinado de Tiglath Pileser III marca un momento significativo en la historia asiria. Representa el final del período de Intervalo en el que el control asirio en la región casi había desaparecido, pero lo más importante es que añadió enormes fragmentos de territorio al Imperio asirio.

Los reyes que vendrían después de Tiglath Pileser III fueron en gran medida capaces de mantener el control sobre estos territorios y expandirse sobre ellos. Pero, a diferencia de Tiglath Pileser III, los futuros reyes, beneficiándose de la conquista y consolidación de los anteriores reyes asirios, se liberaron de la necesidad de pasar todo su reinado haciendo campaña y conquistando tierras previamente perdidas o en abierta rebelión al dominio asirio. Como resultado, pudieron invertir significativamente en el desarrollo cultural del imperio, algo que ayudaría a afianzar a los asirios en los registros de la historia del mundo.

El Reino de Sargón II: El Imperio se expande aún más

Después de que Tiglat Pileser III muriera en el 726 a. C., su hijo, Salmanasar V, llegó al trono asirio. Sin embargo, su reinado fue corto, y no se sabe mucho sobre sus logros. Mucho de lo que se sabe de los reyes asirios proviene de los detallados relatos escritos por el rey y su ejército de escribas durante y después de las campañas militares. Como el reinado de Salmanasar V fue tan corto, no tuvo tiempo de realizar el tipo de campañas que merecen ser documentadas históricamente.

El único logro conocido de importancia atribuido a Salmanasar V es la conquista de Samaria, una provincia del norte de Israel. Sin embargo, quizás lo más importante es que el Imperio asirio no sufrió grandes reveses durante este tiempo, lo que permitió al siguiente rey,

Sargón II, expandir el imperio aún más y llevarlo a nuevos niveles de gloria y fama.

Al igual que Tiglath Pileser III, la ascensión al trono de Sargón II en el 721 a. C. es un tema de debate. No hay mención de su padre en ninguna de las inscripciones reales dejadas, y el nombre Sargón se traduce del asirio a "rey legítimo", lo que lleva a muchos a creer que puede haber sido un usurpador que eligió un nombre real para ocultar su sospechosa forma de llegar al poder.

La confusión que resultó de que Sargón II se convirtiera en el rey asirio dio a las provincias sirias la oportunidad de rebelarse, pero fueron detenidas una vez más. Después de una breve campaña en Babilonia, Sargón II regresó al oeste para volver a poner a estos insurgentes bajo el control asirio, y ya al año siguiente (720 a. C.), había logrado derribar la rebelión ganando una batalla decisiva en Qarqar, en Siria.

Después de Qarqar, Sargón II continuó hacia el sur para retomar Gaza y seguir avanzando hacia la frontera con Egipto. Se libró una batalla entre los egipcios y los asirios de Sargón II en Rafah, que Sargón II ganó, poniendo una pequeña sección del territorio egipcio bajo control asirio.

Sargón II continuó adentrándose en territorio egipcio, y temeroso de su poderoso ejército, el faraón egipcio de entonces, Osorkon IV, envió regalos y estableció relaciones pacíficas con el rey asirio. Los dos reinos entrarían entonces en un período de libre comercio del que ambas partes se beneficiarían. Durante este tiempo, Sargón II también pudo tomar el control de un importante territorio que había pertenecido a los árabes y, en un esfuerzo por consolidar su poder, deportó a muchos árabes a otras partes del imperio, concretamente a Samaria.

Durante el resto del reinado de Sargón II, lograría dos grandes victorias: la derrota de los Urartu al norte de Asiria y el sometimiento de Babilonia. Al hacer esto y al establecer relaciones pacíficas con dos poderosos vecinos -Egipto al suroeste y Frigia en Anatolia- Sargón II fue capaz de consolidar los logros alcanzados por Tiglat Pileser III mientras se expandía considerablemente sobre las posesiones imperiales en casi todas las direcciones.

En este punto de la historia, el Imperio asirio era más grande que nunca antes, y las exitosas campañas militares de Tiglath Pileser III y Sargón II habían ganado a los asirios la reputación del antiguo Cercano Oriente. Nadie estaba dispuesto a intentar derrocar a los asirios por su propia cuenta. Los enemigos se apoyaban en los vasallos más débiles en los territorios intermedios para soportar el peso de la agresión asiria, o tenían que unirse para conseguir una oportunidad de detener a los asirios.

En ocasiones, esto tuvo éxito, siendo un buen ejemplo cuando Babilonia y Elam trabajaron juntas para expulsar a los asirios del sur de Mesopotamia, pero otras veces no fue así, resultando en un duro castigo para aquellos que se atrevieron a actuar contra los reyes asirios.

Además de sus logros militares, Sargón II hizo importantes aportaciones al desarrollo cultural del imperio, en gran parte mediante la fundación de una ciudad completamente nueva, Dur-Sharrukin. La ciudad fue nombrada esencialmente en honor al propio Sargón, y fue el hogar de uno de los mayores templos jamás construidos por un rey asirio. A otros reyes asirios se les atribuye el mérito de haber mejorado enormemente las ciudades asirias existentes, como Assur, Nínive y Calaj, pero solo a Sargón II se le puede atribuir el mérito de haber fundado una ciudad completamente nueva dedicada a la celebración de su poder y gloria, algo que habría ayudado a demostrar su condición de semidiós a sus súbditos.

Parte del encanto de Sargón II era que lucharía sus propias batallas. Dejó a su hijo y al príncipe heredero Senaquerib en Assur para que gobernara los asuntos internos mientras él llevaba a cabo extensas campañas militares en el extranjero. Sin embargo, esto demostraría ser su perdición, ya que murió en la batalla del año 705, terminando abruptamente su campaña y su reinado. Sin embargo, Sargón II, junto con Tiglath Pileser III, puede afirmar haber hecho las expansiones más significativas del Imperio asirio hasta este momento de la historia. La figura 6 representa la extensión del Imperio asirio después del reinado de Sargón II.

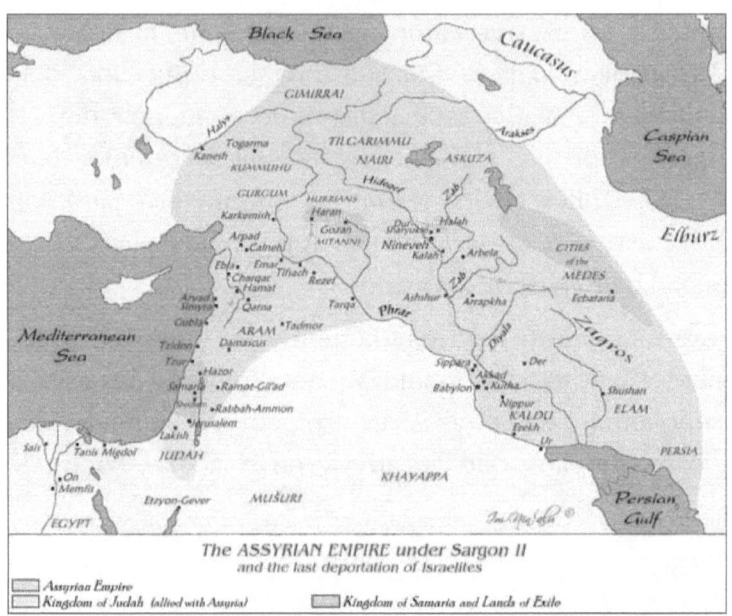

Los dos reyes que le seguirían, Senaquerib y Asarhaddón, pasarían la mayor parte de sus reinados construyendo el imperio desde dentro, dedicando importantes recursos al desarrollo cultural, aunque algunas grandes campañas militares ayudarían a ampliar el alcance del imperio.

Senaquerib: El saqueo de Babilonia, la consolidación en Occidente y el avance de Nínive

Los detalles de la época de Senaquerib indican que estaba profundamente preocupado por la muerte de su padre en combate. Esto fue extremadamente raro, y la mayoría de la gente, particularmente Senaquerib, lo vio como un mal presagio, y especuló que su tiempo como rey estaría maldito o condenado. Esto puede explicar por qué, después de ascender al trono en el 705 a. C., estaba menos inclinado que su padre a lanzar extensas campañas militares, eligiendo en su lugar centrarse en los asuntos internos.

Sin embargo, esto no significa que Senaquerib no haya activado la máquina militar asiria. Las dos campañas más importantes realizadas durante su gobierno fueron en el oeste, en Palestina, y en el sur, en Babilonia. Pero ninguna de las dos campañas produciría mucho en términos de expansión territorial, sirviendo en cambio para sofocar las rebeliones y consolidar el poder.

De las dos campañas, sin embargo, la de Babilonia sería la que tendría los efectos más significativos a largo plazo para el imperio. Babilonia y Asiria siempre habían mantenido relaciones relativamente pacíficas. Aunque Asiria siempre estaría buscando oportunidades para ejercer influencia en los asuntos babilónicos, una cultura compartida, específicamente una religión compartida, unía a las dos civilizaciones y fomentaba una relación saludable.

Pero esto cambió cuando el rey babilónico, Merodac-baladán, que durante mucho tiempo tuvo el apoyo del pueblo babilónico en sus campañas antiasirias, lanzó una rebelión en el año 700. Aunque Senaquerib manejó esto pacíficamente, su decisión de ser indulgente al final resultó contraproducente ya que otra rebelión estalló en el año 689 bajo el liderazgo del rey babilónico Mushezib-Marduk.

Esta vez, enfadado porque los babilonios no se habían sometido tras la primera rebelión, Senaquerib decidió saquear Babilonia, algo que pocos reyes asirios, si es que alguno, se había atrevido a hacer. Aunque fue una táctica exitosa para volver a poner al pueblo babilónico bajo control asirio, esto avivó las hostilidades en Babilonia hacia los asirios, que se intensificarían y eventualmente provocarían las alianzas militares que derribarían a Asiria. Sin embargo, Senaquerib no tenía forma de saber el efecto de sus acciones, y en ese momento, la adición de Babilonia al Imperio asirio fue vista como una gran victoria.

Sin embargo, quizás el más significativo de todos los logros de Senaquerib no tuvo nada que ver con la conquista o la campaña. Durante su tiempo como rey, Senaquerib se embarcó en varios proyectos de construcción monumental, sobre todo la expansión de su palacio en Nínive. En el momento de su finalización, el palacio contaba con un gran parque y un sistema de irrigación artificial.

A lo largo de su reinado, Senaquerib se basaría en este gran logro y también se expandiría en otros aspectos de la ciudad, aumentando sus defensas, construyendo templos y convirtiendo a Nínive en la principal metrópoli del imperio. La construcción parece haber sido una gran pasión para Senaquerib, ya que comenzó a construir en el palacio en torno al 703 a. C., casi inmediatamente después de asumir el trono, y era conocido por haber supervisado personalmente la ejecución de muchos de los grandes proyectos de construcción que encargó.

Comparado con su padre, Sargón II, y Tiglath Pileser III, Senaquerib hizo poco en cuanto a la expansión del imperio, pero su contribución a su crecimiento no puede ser subestimada. Su gran campaña militar en Palestina fortificó con éxito las fronteras del imperio, y algunas de sus campañas más pequeñas en Anatolia lograron el mismo efecto. Sin embargo, su reinado terminaría abruptamente cuando fue asesinado alrededor del 681 a. C. Su hijo, Asarhaddón, tomaría el trono y se embarcaría en el último gran capítulo de la expansión asiria, incluyendo quizás su mayor logro, la invasión de Egipto.

Asarhaddón: Preparando el escenario para la conquista de Egipto

Egipto había sido durante mucho tiempo el deseo de la ambición imperial asiria, y cuando Asarhaddón tomó el trono en el 681 a. C., el escenario estaba bien preparado para que él lograra este objetivo. Como uno de los reinos más poderosos de la antigüedad, la conquista de Egipto estaba segura de traer gran gloria para el rey que lograra conseguirlo. Sin embargo, para tener éxito con una invasión a Egipto, era esencial tener el control completo de Siria y Palestina, ya que estos territorios servirían como base para el ataque. Además, los asirios necesitarían la ayuda de los ejércitos árabes en la península del Sinaí para poder hacer cualquier avance significativo en territorio egipcio.

Asarhaddón era el rey asirio mejor equipado para hacer esta invasión. Las conquistas de Tiglat Pileser III y Sargón II habían expandido el control asirio a lo profundo de Siria, Fenicia y Palestina, y el predecesor de Asarhaddón, Senaquerib, había logrado fortificar estos territorios.

Sin embargo, ninguno de estos tres reyes fue capaz de moverse más allá de la frontera egipcia. Tiglat Pileser III y Sargón II habían hecho tratados con los egipcios, que condujeron a un período de paz y libre comercio, pero en el momento de Asarhaddón, estos se estaban desmoronando. Las rebeliones que periódicamente estallaban en Palestina y Fenicia eran típicamente apoyadas por los egipcios, deteriorando las relaciones entre Egipto y Asiria, dos de las grandes potencias de la región, y dando a los asirios una motivación aún mayor para lanzar una invasión a gran escala sobre Egipto.

Asarhaddón aprovechó este momento para invadir de una vez por todas el reino de Egipto, una campaña que tuvo un éxito variable. Fue, a diferencia de cualquier otro rey antes que él, capaz de cruzar a territorio egipcio y ganar varias batallas decisivas dentro del territorio de Egipto. Existen diversos registros de que los ejércitos asirios entraron en contacto con los egipcios, pero estas campañas son las más notables, ya que dieron lugar a acuerdos tributarios que pusieron más territorio egipcio bajo control asirio del que nunca antes existió. En lugar de asegurar los territorios fronterizos y organizar tratados de paz, Asarhaddón pudo reclamar el control firme de las ciudades que antes estaban bajo dominio egipcio. Como tal, la mayoría de los historiadores consideran esta época, aproximadamente 671 a. C., como el punto de la historia en el que Asiria conquistó Egipto. En la figura 7 se muestra cómo se había expandido el imperio en el transcurso de unos 100 años desde la ascensión de Tiglat Pileser III.

Asarhaddón puso algunos territorios egipcios bajo el dominio asirio, pero sería su sucesor, Asurbanipal, el que ampliaría aún más el control asirio sobre el territorio egipcio, lo que se representa en el mapa en verde claro.

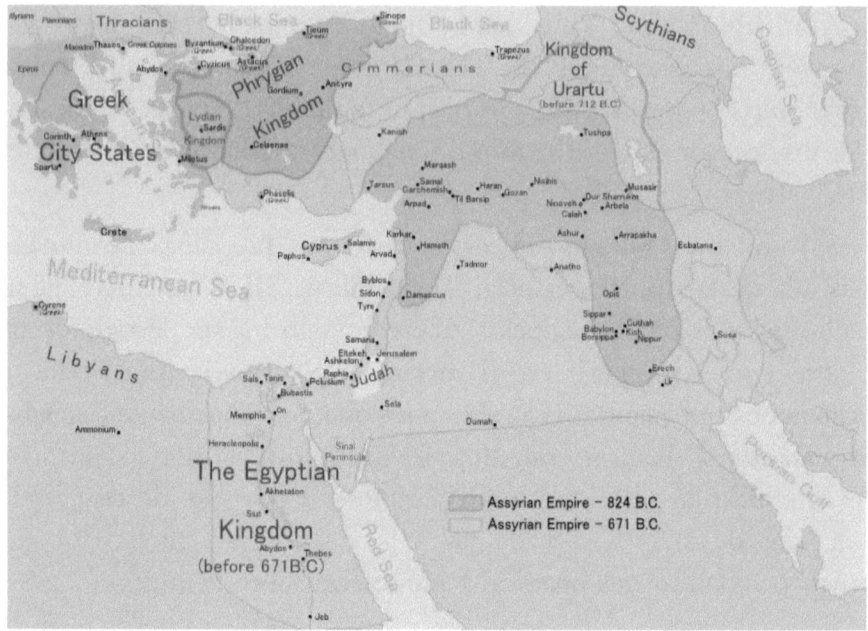

Asarhaddón probablemente hubiera preferido continuar más hacia el oeste, pero se le detuvo y se le obligó a dirigir su atención a las amenazas en otras partes del imperio, específicamente en Babilonia, que una vez más estaba obrando para frustrar el dominio asirio y reuniendo aliados para apoyarlos en el proceso, dejando a los egipcios una vez más en libertad de retomar el territorio perdido y comenzar a operar hacia el este, en dirección a Palestina.

Las campañas de Asarhaddón en las fronteras norte y nordeste del Imperio Asirio resultaron ser un presagio de los problemas que sus sucesores serían incapaces de resolver, concretamente el creciente poder del Imperio medo (que existía al este de Assur en el actual Irán). Las campañas dirigidas en esta parte del imperio fueron en gran medida defensivas, ya que los medos comenzaron a afirmar su poder y a hacer incursiones en el territorio asirio. Aunque las pérdidas de

Asarhaddón fueron modestas y Asiria seguía manteniendo el control de la vasta región que se extendía desde Anatolia en el oeste hasta el Cáucaso y las montañas de Zagros en el norte y el noroeste, poco a poco se estaba preparando el terreno para una invasión de Asiria que los futuros reyes no podrían detener.

El resto del reinado de Asarhaddón se define en gran medida por sus tratos con Babilonia. Una invasión elamita en territorio babilónico alteró un período de tiempo definido por una paz relativa, aunque fue tratada por los ejércitos asirios con relativa rapidez. Además, Asarhaddón tuvo que asumir las consecuencias de la decisión de Senaquerib de saquear Babilonia, lo que supuso que gran parte de su tiempo como rey se dedicó a la reconstrucción de templos y otros edificios importantes dentro de la ciudad.

Algunos historiadores atribuyen esta política de apaciguamiento al partido pro-babilónico dentro de Asiria, mientras que otros dan crédito al carácter de Asarhaddón como estadista; sabía muy bien que necesitaría asegurar su flanco sur para poder hacer cualquier otra cosa en el imperio. Pero sin importar la razón, la política fue relativamente exitosa, ya que Asarhaddón pudo mantener la paz con y dentro de Babilonia. Pero una vez más, estos éxitos serían efímeros.

Hacia el final de su reinado, Asarhaddón se esforzó en planear la sucesión de su hijo, Asurbanipal. Parte de la razón por la que estaba tan preocupado con esta ceremonia es que estaba muy afectado por la forma en que había tomado el trono, considerando la muerte de su padre como un mal augurio. A lo largo de su reinado, Asarhaddón estuvo obsesionado con lo divino, potencialmente una consecuencia de su desafortunado ascenso al poder. Se sirvió de un rey sustituto, que era un antiguo ritual diseñado para ayudarle a evitar el mal destino, y se sabía que buscaba compulsivamente informes de pronóstico de todos los clérigos y oráculos posibles antes de embarcarse en una campaña. Hay razones para creer que estas decisiones en realidad frenaron su progreso, en particular el uso de un rey sustituto, que habría limitado su control sobre su propio reino, pero sin importar las consecuencias de su devoción, el fervor religioso de Asarhaddón era excepcionalmente fuerte incluso para los estándares antiguos.

A pesar de todos estos esfuerzos por evitar los malos augurios, Asarhaddón no pudo defenderse de la muerte que llegó en 668, solo tres años después de su conquista de Egipto y solo 13 después de haber tomado el trono. Le entregaría a su hijo un imperio que prosperaba en casi todos los aspectos. Su territorio se extendía desde Egipto hasta Babilonia y hasta las montañas de Zagros, sus ejércitos eran temidos en toda la región, y los grandes proyectos de construcción combinados con los avances en la escritura y la teología hicieron de Asiria la capital cultural de Mesopotamia y del extranjero.

Pero todo esto estaba a punto de desaparecer, en parte por las decisiones que tomó Asarhaddón sobre la sucesión del trono, pero en mayor medida porque las mareas de la historia empezaban a buscar el equilibrio, lo que llevó a una erosión del dominio asirio y a la afirmación de otros poderes, lo que en última instancia puso fin al imperio asirio.

Asurbanipal y el principio del fin

Al igual que sus predecesores, cuando Asurbanipal tomó el trono en 668 a. C., heredó un imperio en pleno apogeo de dominio. Todos los reyes anteriores a él habían logrado asegurar el territorio previamente conquistado y expandirse a nuevas tierras, trayendo gloria y riquezas a los líderes y ciudadanos de Asiria. Asarhaddón había finalmente puesto partes de Egipto bajo control asirio, y Asurbanipal se las arreglaría para expandirse sobre él.

Las victorias en la península Arábiga, Fenicia y Palestina a lo largo de los reinados de Asarhaddón y Senaquerib habían colocado estos territorios firmemente bajo el control asirio, e hicieron reinos más al norte, hacia Anatolia, atemorizados, dando lugar a ofertas voluntarias de amistad y tributo. Debido a que estos territorios estaban tan bien fortificados, Asurbanipal pudo centrar su atención en extender el control asirio más allá de Egipto.

Las campañas lideradas por Asurbanipal ciertamente se consideran unas de las más impresionantes en la historia asiria. Después de varios intentos, algunos de los cuales fueron inicialmente exitosos, pero luego se revirtieron debido a la rebelión, Asurbanipal logró entrar y conquistar las principales ciudades egipcias de Tebas y Menfis. Estas victorias habrían traído gran gloria a los reyes asirios, ya que esto significaba que el control asirio se extendía ahora más allá de lo que nunca antes había ocurrido.

Sin embargo, la decisión de entrar tan lejos en Egipto puede ser ciertamente criticada cuando se examina desde un punto de vista histórico. Asiria ya controlaba grandes extensiones de tierra en toda Mesopotamia, Anatolia, Palestina, Siria, Arabia y Egipto, lo que ponía considerable énfasis en su capacidad para gestionar y mantener su propio territorio. Una mayor expansión solo exacerbó estos problemas, dejando a Asiria más débil de lo que uno podría haber pensado dado su considerable poderío militar en comparación con sus vecinos.

Si bien la invasión de Egipto en primer lugar no fue una decisión basada en el sentido común, Asurbanipal al menos tuvo la sensatez de detenerse después de su conquista de Menfis y Tebas, dirigiendo su atención a otras partes del imperio, específicamente a Arabia, que había sido el lugar de repetidas rebeliones desde que la zona había caído bajo control asirio. Utilizando Damasco como base, Asurbanipal realizaría incursiones por toda la parte norte de la península Arábiga, destruyendo las tribus nómadas e intimidando a los vasallos rebeldes.

El resto del reinado de Asurbanipal estuvo dominado por el trato con los cada vez más hostiles vecinos de Asiria al norte, este y sur, específicamente los reinos de Urartu, Medes, Elam y Babilonia. Como se podría esperar, Elam y Babilonia fueron aliados durante la mayor parte de la ascensión imperial de Asiria, haciendo difícil que Asiria mantuviera un control significativo sobre su vecino del sur.

Elam, el reino que ocupaba gran parte del actual norte de Irán, nunca fue realmente una amenaza directa para Babilonia, ni tampoco Asiria llegó tan lejos en el este. Pero tenían un deseo razonable de contener el poder de Asiria y lo hicieron con el apoyo de los reyes babilonios rebeldes. Hubo, sin embargo, breves períodos a lo largo de esta etapa final del Imperio neoasirio donde Elam y Asiria mantuvieron relaciones pacíficas, incluso cooperativas. Pero esto no duraría mucho, ya que Elam sería en última instancia una de las potencias que ayudaría a la derrota de los asirios.

A pesar de los éxitos de Asurbanipal en la conquista de territorio en todo Egipto y en el fortalecimiento del control asirio en la mayor parte de Arabia, también supervisaría la desestabilización del imperio que resultó de su hermano, Shamash-shum-ukin, que había sido nombrado para gobernar Babilonia como parte del plan de sucesión de Asarhaddón y que decidió organizar y dirigir una rebelión contra su hermano en el año 652 a. C.

La guerra civil envolvería al Imperio asirio durante los próximos cinco años, dando paso a un período de la historia asiria conocido como La Gran Rebelión. Asurbanipal lograría finalmente suprimir la rebelión iniciada por su hermano y colocar a un líder más leal en el trono de Babilonia, pero este momento de la historia marcó el principio del fin del Imperio asirio.

Asurbanipal continuaría gobernando sobre Asiria hasta su muerte en 627, pero después del fin de la guerra civil iniciada por la rebelión de su hermano, poco haría para expandir el imperio, ya que las hostilidades de los Imperios elamita y medo se intensificaron. Aunque no supervisaría ninguna pérdida importante durante este tiempo, su incapacidad para destruir eficazmente a sus enemigos demostró que el poder asirio se estaba debilitando finalmente, abriendo la puerta para que sus poderosos vecinos entraran en escena y eliminaran por fin este poderoso, pero aterrador reino de su posición de dominio.

Capítulo 5 - La Caída del Imperio

Como suele ocurrir en la historia imperial, la expansión del Imperio asirio coincide en realidad con su caída. A partir del ascenso al trono de Tiglat Pileser III en el año 747 a. C., el Imperio asirio comenzó a expandirse de forma espectacular, en gran medida mediante la conquista de territorios que los reyes asirios habían intentado controlar durante mucho tiempo pero que no habían logrado conquistar, principalmente Fenicia, Palestina, Siria, Arabia y Egipto.

A pesar de los éxitos de estas campañas, finalmente distrajeron a Asiria de la mayor amenaza a su dominio en Mesopotamia: el reino de Babilonia. Dado que Babilonia y Asiria compartían muchas similitudes culturales -principalmente la adoración de los mismos dioses- y que ambos reinos eran excepcionalmente poderosos, existía un entendimiento entre los dos reinos de que ninguno de ellos debía tratar de inmiscuirse demasiado en los asuntos del otro. Sin embargo, a medida que Asiria comenzó a cobrar importancia durante los siglos VII y VIII a. C., la perspectiva de controlar a su vecino del sur y gobernar toda Mesopotamia se convirtió en una oportunidad demasiado grande como para dejarla pasar, lo que llevó a un prolongado período de intervención asiria en Babilonia que contribuiría significativamente a la caída del imperio.

La historia que se cuenta aquí comienza con el ascenso de Tiglat Pileser III y detalla las relaciones que cada rey asirio subsiguiente tuvo con su vecino del sur, ya que tratar de describir estos eventos junto con una explicación de otras campañas asirias en el norte y el oeste no haría justicia a la importancia de los asuntos asirio-babilónicos. Los períodos en los que los reyes asirios desviaron su atención de Babilonia se alinean muy bien con las expansiones de territorio que existían en otras partes del imperio.

Perdiendo el control: Asiria lucha por mantener el poder sobre Babilonia

Como una poderosa civilización mesopotámica, el dominio asirio estaba bajo la constante amenaza de las muchas y diferentes potencias que también existían en el suroeste de Asia, específicamente los imperios de Elam, Arabia, Egipto, Urartu, Medo y Babilonia. Desde alrededor del 750-650 a. C., Asiria se involucró fuertemente en los asuntos babilónicos en un intento de expandir su influencia en la región. Este movimiento acabaría teniendo consecuencias significativas para todas las civilizaciones del Creciente Fértil y sus alrededores. Llevaría a un período de dominio restaurado para Babilonia, y también fue uno de los factores más importantes que impulsaron el declive del poder y la influencia de los asirios en la zona.

El año 748, o 747 según la fuente, inicia la participación asiria en los asuntos de Babilonia, y sirve como un punto de partida útil para entender cómo estas interacciones afectaron la disminución general de la hegemonía asiria. Fue en este año que el rey asirio Tiglat Pileser III ascendió al trono. Tras décadas de hambruna y de lucha militar contra grupos tribales como los caldeos y los arameos (las dos tribus dominantes de la antigua Mesopotamia), Tiglath Pileser III comenzó su reinado desplazándose rápida y enérgicamente a las tierras que limitan con los bordes meridional y oriental de los territorios asirios.

Parte de la estrategia para hacer esto fue respaldar el trono de Babilonia desde lejos. Un fuerte rey babilónico era lo mejor para Asiria, ya que ayudaba a asegurar la región y proporcionar un amortiguador entre Asiria y otros estados poderosos como Elam y Medo. Como resultado, los reyes asirios a menudo ejercían el control sobre los territorios babilónicos en nombre de los reyes babilonios. Sin embargo, no es sorprendente que esta frágil alianza se rompiera a menudo, llevando al conflicto entre Babilonia y Asiria.

Sin embargo, para el año 745, Tiglath Pileser III había atraído su atención a otro lugar, y esto hizo que dejara a los babilonios a valerse por sí mismos. Una seria de revueltas políticas en Babilonia llevó a la ascensión de un caldeo, Mukin-zeri, al trono babilónico. Después de haber pasado los últimos años trabajando para controlar la influencia caldea en Babilonia, Tiglath Pileser III no se tomó bien esta noticia. Se trasladó rápidamente a Babilonia y trabajó para confinar la influencia de Mukin-zeri, sometiendo a muchas otras ciudades caldeas a tributo, eliminando eficazmente la fuente de poder de Mukin-zeri. Después de hacer esto, Tiglat Pileser III asumió el trono de Babilonia.

El control asirio directo del reino de Babilonia se convirtió en la norma para el siguiente siglo, con la mayoría de los sucesores de Tiglat Pileser III asumiendo posiciones similares de influencia en los asuntos babilónicos. Tiglat Pileser III murió en 727 y fue sucedido por su hijo, Salmanasar V, pero este reinado fue de corta duración (solo 5 años) y poco documentado. El único evento significativo registrado es una deportación a gran escala de caldeos de los territorios que rodearon a Babilonia. Sin embargo, los reyes asirios nunca fueron capaces de poner los reinos de Babilonia completamente bajo su control. En cambio, los líderes babilonios, generalmente caldeos, fueron capaces de tomar el poder cuando sintieron debilidad en el gobierno asirio, o cuando otros asuntos distrajeron a los reyes asirios de prestar suficiente atención a su flanco sur.

Como resultado, durante las próximas décadas, los asirios y caldeos lucharían por el control del trono babilónico, y esta lucha tendría un efecto significativo en el bienestar de las experiencias diarias de los ciudadanos babilonios y en la capacidad del Imperio asirio para permanecer intacto. Los períodos de estabilidad y prosperidad económica estaban salpicados de guerras y conflictos que casi detendrían la vida babilónica.

Durante un tiempo, los intentos de los gobernantes babilónicos de afirmar su independencia fueron apoyados por los reyes de Elam -la civilización que se extendía al este de Babilonia en el actual Irak-. El rey babilónico Merodac-baladán (un caldeo), que asumió el trono de Babilonia en 721, pudo asegurar una alianza con Elam que lograría resistir a los asirios. Y el momento de esta colaboración se alineó con la decisión de Sargón II (que asumió el trono asirio después de la muerte de Salmanasar V en 722) de desviar su atención del flanco sur de Babilonia y Asiria.

La combinación de la intervención pasiva asiria y una alianza con Elam permitió a Merodac-baladán reinar con relativa libertad durante los diez años siguientes. En un intento de ataque a la antigua ciudad de Der, que, aunque controlada por Asiria en ese momento, había sido históricamente parte del reino babilónico. Asiria tomó las armas para defender la ciudad, pero la batalla terminó en un punto muerto, con los elamitas ganando algo de territorio, pero con los asirios reteniendo el control de la ciudad. Sin embargo, después de esta batalla, el ejército asirio se retiró al norte, dejando la región en paz durante diez años.

Merodac-baladán usó este tiempo de paz para devolver la prosperidad a Babilonia. La actividad científica y cultural se disparó, y hubo una expansión económica que incrementó el número de transacciones, es decir, las actividades económicas registradas de la época, como los contratos firmados, los tributos pagados, etc., hasta el número más alto en cinco siglos. También hubo avances significativos en la astronomía y la escritura.

Sin embargo, esto cambiaría en el año 710 cuando Sargón II volvió a prestar atención al sur y comenzó a retomar parte del territorio que los reyes babilonios habían logrado asegurar en la década anterior. Esto culminó con la derrota de Sargón II sobre Merodac-baladán en 709. En ese momento, Sargón II asumió el control del trono babilónico y comenzó a trabajar para consolidar su conquista. Lo hizo centralizando los gobiernos provinciales y tribales, poniéndolos bajo el control de dos gobernadores, y también mediante la deportación generalizada de arameos y caldeos. Además, trató de transformar las ciudades tribales inyectándoles poblaciones e instituciones asirias.

Esta decisión marcaría un importante punto de inflexión en el último Imperio asirio. A lo largo de los próximos treinta años, los reyes asirios participarían en una serie de costosas e interminables campañas militares destinadas a asegurar el control de los territorios babilónicos. Si bien estos esfuerzos tuvieron éxito en el sentido de que alejaron las lealtades elamitas de los reyes caldeos y las dirigieron hacia los asirios, y que los reyes asirios pudieron afirmar su dominio sobre los territorios babilónicos, en última instancia contribuyeron a la caída del imperio, especialmente después de lo que se conoce como la Gran Rebelión.

Los orígenes de la Gran Rebelión se remontan a la muerte de Sargón II en la batalla de 705. Fue reemplazado por su hijo, Senaquerib, quien supervisaría un período de estabilidad de corta duración. En el año 703 comenzó una rebelión liderada por los gobernadores provinciales y Merodac-baladán, que se había escondido desde su derrota ante Sargón II siete años antes; logró reunir apoyo en los asentamientos tribales y en las ciudades de Babilonia para su regreso al trono. Tras varios años de conflicto, en los que las lealtades y alianzas cambiaron con frecuencia, Merodac-baladán fue finalmente derrotado para siempre en el año 700. Senaquerib partió entonces de Babilonia, dejando atrás a su hijo, Assur-nadin-shumi, como administrador y monarca de Babilonia, para gobernar durante un período de relativa estabilidad.

Sin embargo, eso terminaría en 694 cuando Senaquerib decidió montar una campaña contra un grupo de Elamitas que habían dado refugio a grupos de caldeos rebeldes. Esta decisión puso en marcha otro período de inestabilidad política. La derrota en el noroeste de Babilonia dejó a otro rey caldeo, Mushezib-Marduk, en la cima del trono babilónico, pero después de que el rey elamita sufriera un ataque y el apoyo de los árabes en el oeste disminuyera, Mushezib-Marduk no tenía medios para asegurar su propia proclamación de poder. Babilonia finalmente volvió a caer bajo control asirio en el invierno de 689.

Después de esta revuelta, Senaquerib fue mucho menos misericordioso que los reyes asirios del pasado. Comenzó a desmantelar la ciudad, arrasando edificios, e instruyendo a sus tropas para destruir templos y saquear todo lo que pudieran. También se preocupó de remover la tierra de los alrededores del Éufrates, enviándola por el río al golfo Pérsico, para eliminar la capacidad agrícola babilónica. Durante este período, la actividad económica en toda Babilonia se hundió considerablemente, empujando a la región al peor período de desesperación económica que había experimentado en las seis décadas anteriores.

Esto era significativo, ya que desde hacía mucho tiempo se entendía que los asirios darían un tratamiento especial a los babilonios. Senaquerib se retractó de esto, y fue algo que los babilonios nunca perdonarían. Es probable que por esta razón los babilonios se involucraran tanto en las campañas militares dirigidas por los egipcios y los medos, que finalmente pondrían fin al período asirio de la historia del Cercano Oriente.

Las cosas volverían a cambiar dramáticamente en el 681. Senaquerib fue asesinado, y Asarhaddón tomó su lugar. Inmediatamente dio un giro de 180 grados en su política hacia Babilonia, restaurando la ciudad como el centro cultural y político de la zona. También restauró las antiguas exenciones de impuestos a ciertas partes de la población y dio paso a políticas que restaurarían la prosperidad económica de la región.

Parece que los babilonios y sus aliados respondieron favorablemente a este cambio de política, ya que el reinado de Asarhaddón experimentó pocos trastornos importantes. Hubo por supuesto pequeños disturbios tribales, pero Asarhaddón pudo gobernar Babilonia de forma relativamente pacífica durante todo su tiempo como rey asirio. Pero hacia el final de su tiempo como gobernante, cuando llegó el momento de nombrar un sucesor, la elección de Asarhaddón tendría profundos efectos en el estado de Babilonia y también en la estabilidad del Imperio asirio.

Hacia el final de su reinado, Asarhaddón nombró a su hijo, Asurbanipal, como heredero al trono asirio, pero le dio a uno de sus hijos menores, Shamash-shum-ukin, el reino de Babilonia, imaginando un escenario en el que sus dos hijos gobernaran como soberanos independientes pero unidos.

Sin embargo, esto no llegaría a ser. No está claro cuán específico fue el mandato de Asarhaddón de dividir el poder, pero al final, Asurbanipal no solo llegó a gobernar Asiria y su imperio, sino que también mantuvo un estrecho control sobre Babilonia, convirtiendo a Shamash-shum-ukin en un monarca dependiente. Parece que esta decisión fue inicialmente algo a lo que Shamash-shum-ukin accedió, pero la interferencia repetida de Asurbanipal en el gobierno de Babilonia agrió la relación y finalmente llevó a los dos hermanos a un conflicto directo.

La lucha estalló en algún momento del 652 a. C., y duraría los siguientes siete años. Se considera que hay dos escenarios, el Norte, dirigido por Asurbanipal, y el Sur, dirigido por su hermano Shamash-shum-ukin. Mientras que muchas de las principales ciudades como Uruk, Kullab, Ur, Kissik y Eridu declararon su lealtad a Asurbanipal, solo Uruk fue reforzada con tropas asirias, lo que la convierte en la única ciudad de este grupo que se vio seriamente amenazada durante la guerra. Sin embargo, Shamash-shum-ukin pudo conseguir el apoyo de los elamitas del este y de los árabes del oeste (un tema recurrente en la lucha asiria por mantener el control sobre Babilonia), lo que contribuyó a prolongar la guerra durante mucho más tiempo de lo que se esperaba, teniendo en cuenta el relativo dominio de Asurbanipal.

Dos consecuencias importantes vinieron del conflicto fraternal conocido como La Gran Rebelión. En primer lugar, Elam fue esencialmente eliminada como un actor influyente en la región. Después de suprimir la rebelión en Babilonia, Asurbanipal se movió por el oeste de Elam, devastando la llanura como lo hizo. La gente fue reubicada, las ciudades fueron destruidas, los animales (que habían sido la principal fuente de riqueza de Elam) fueron despachados, y la sal y las plantas espinosas fueron sembradas en los campos, devolviendo la tierra a un estado primitivo. En segundo lugar, Asiria nunca más se embarcó en una gran campaña militar. La supresión y el castigo de las poblaciones rebeldes a través de la llanura elamita, el desierto de Arabia y Babilonia ejercieron una enorme presión sobre los recursos asirios. Y al eliminar a Elam, Asiria destruyó efectivamente un elemento amortiguador que los había protegido de grupos tribales más fuertes que amenazaban con avanzar hacia el norte del actual Irán.

Lo importante de este período de la historia asiria es lo dependiente que era el aparato político del imperio de su líder, el emperador. Ningún sistema de poder político puede depender demasiado de una sola persona, pero como se ha visto con los cambios radicales en la política que se produjo cuando los nuevos gobernantes tomaron el trono, esto fue sin duda el caso en los últimos tiempos asirios. Esto arroja algo de luz sobre una verdad crucial sobre el imperio en este momento: su control del poder se estaba debilitando.

Además, parte de la razón por la que Asiria pudo establecerse como la potencia dominante en la región fue por su superioridad militar. Sin embargo, esto se desmoronó lentamente en el lapso de

100 años desde mediados del siglo VIII hasta mediados del VII a. C. Repetidas campañas a raíz de las rebeliones en Babilonia, así como el fortalecimiento de las alianzas entre los vecinos de Asiria, significó que el control asirio sobre el Creciente Fértil fue disminuyendo lentamente. La incapacidad de los gobernantes asirios después de Tiglat Pileser III para mantener un firme control sobre Babilonia y sus territorios circundantes representó un debilitamiento de esta hegemonía militar. Y aunque el Imperio asirio permanecería intacto unos 20 años después del final de la Gran Rebelión, Asiria no lanzaría otra campaña militar significativa, y sus días como la potencia más dominante de Mesopotamia estaban esencialmente acabados.

El Reino de Kandalanu y el asedio de Harrán

Después de tener éxito en la supresión de la rebelión de Shamash-shum-ukin, Asurbanipal nombró a Kandalanu al trono de Babilonia. No existe mucha evidencia sobre el origen de Kandalanu o su tiempo como rey, lo que lleva a muchos a sugerir que tal vez Kandalanu era meramente un nombre de trono para Asurbanipal, lo que significa que eran la misma persona. Pero no hay pruebas definitivas que lo demuestren.

Tanto si se cree como si no, es cierto que los 20 años en los que Kandalanu gobernó Babilonia después de la Gran Rebelión fueron prósperos. Es probable que se le diera el control del reino gradualmente, con Asurbanipal supervisando el funcionamiento de Babilonia desde lejos. Los primeros cinco años estuvieron marcados por una lenta actividad económica, pero los siguientes quince vieron a la región volver a los niveles de prosperidad que había disfrutado durante los tiempos de Asarhaddón.

Kandalanu y Asurbanipal murieron en el año 627 (otra razón por la que algunos creen que pueden haber sido la misma persona), y esto creó otro período de inestabilidad. Nabopolasar asumió el trono de Babilonia, pero fue rápidamente derrotado por las fuerzas asirias. Sin embargo, después de la muerte de Asurbanipal, Asiria se quedó con dos líderes: Sin-shumu-lishir y Sin-sharra-ishkun. Esto sugiere que la estructura de poder en Asiria se había debilitado significativamente. De hecho, en los textos babilónicos, el 626 a. C. se considera el primer año en el que las tierras asirias no tuvieron reyes.

Sin embargo, un ejército asirio se dirigió a Babilonia para sitiar y restaurar el orden. Pero a diferencia de los asedios anteriores, que dejaron a Babilonia en ruinas, el ejército babilónico fue capaz de reunir y saquear el ejército asirio. Esto dio legitimidad al reclamo de Nabopolasar al trono, y también marcó el comienzo de una nueva era en Babilonia que la vio como el centro de influencia en el Creciente Fértil.

Poco después de que Nabopolasar expulsara a los asirios de Babilonia, Ciáxares, el rey de Medo, una región situada al noreste de Asiria, lanzó un ataque a los territorios asirios. Las fuerzas de los medos capturaron a Tarbisu y luego derrotaron de forma decisiva a los asirios en la batalla de Assur. Luego unieron fuerzas con el ejército babilónico y lanzaron un ataque al centro del control político y económico asirio, Nínive.

Fue durante esta batalla, en el 612 a. C., donde el rey asirio Sin-sharra-ishkun murió y fue reemplazado por Ashur-uballit II. Ashur-uballit II reunió entonces sus fuerzas y se dirigió a Harrán, que se encuentra al oeste de Nínive. Sin embargo, los medos y los babilonios sitiaron la ciudad en una batalla conocida como el Asedio de Harrán, que terminó con la caída de Harrán en 609. Una fuerza formada por egipcios y asirios intentó recuperar la ciudad, pero fracasó, y esto puso fin al Imperio asirio tal como lo conocemos.

Entendiendo el colapso asirio

Para los observadores de la historia, puede ser difícil entender cómo el Imperio asirio, que creció tan sustancialmente en tamaño a lo largo de los siglos VII y VIII, fue capaz de ser derribado en un período de tiempo tan corto. Pasó de controlar toda la región de Mesopotamia, con fortalezas al norte, sur y oeste, a ser esencialmente un vasallo del Imperio babilónico en menos de medio siglo. Y con este ascenso de los babilonios, Asiria casi desapareció de los registros de la historia.

Esto puede parecer extraño a los estudiosos de la historia antigua, pero la historia del colapso asirio es una historia familiar. El reino de Asiria, la región que rodea a Assur, Nínive, Calaj, y sus alrededores, era en realidad bastante pequeño y generalmente pobre en recursos. Sin embargo, gracias al uso de un armamento superior, a tácticas militares eficaces como la guerra de asedio y a las políticas de deportación estratégica, Asiria pudo ampliar considerablemente su influencia en toda la región. Y, el principal propósito de la búsqueda de poder de Asiria fue asegurar el acceso a los recursos que necesitaba para mantener a su población.

Esto creó una situación paradójica en la que Asiria necesitaba expandirse para sobrevivir, pero fue esta expansión la que finalmente contribuyó a su desaparición. Los recursos adquiridos a través de los tributos recaudados de los territorios conquistados eran necesarios para la supervivencia del reino asirio, pero el mantenimiento de este sistema de tributos y control también puso una enorme presión sobre estos recursos, en particular la mano de obra.

Es por esta razón que el poder asirio en la región puede ser documentado a través de tan tremendos flujos y reflujos. Comenzando con el Imperio antiguo asirio, que surgió hacia el 2000 a. C., los reyes asirios estuvieron constantemente conquistando territorio y luego reconquistando el territorio tomado por los anteriores reyes que perdieron. Esto ocurrió porque los reyes asirios nunca pudieron dejar atrás fuerzas suficientes para sofocar las rebeliones o establecer un control firme sobre las regiones recién conquistadas bajo la amenaza de las potencias cercanas.

Como resultado, el Imperio asirio se volvió demasiado dependiente de su emperador. Las rebeliones estallarían en una región del imperio, y debido a que las fuerzas locales no eran suficientes para detener estas insurrecciones, el territorio se perdería hasta que el emperador y su ejército pudiera hacer su camino de regreso para reafirmar el dominio asirio. Hacer esto significaba una vez más dejar el territorio recién conquistado sin defender, lo que significaba que solo sería cuestión de tiempo antes de que estas poblaciones conquistadas se rebelaran o fueran conquistadas por alguien más.

Esta tendencia existió a lo largo de la historia asiria. Y la única razón por la que el Imperio neoasirio fue capaz de expandirse hasta el punto de que lo hizo fue porque este período vio el más fuerte militar asirio. Infundió miedo en los corazones de los reyes de toda Mesopotamia, en Anatolia, y en toda Armenia y otros territorios del norte. Como resultado, muchos de estos reyes, deseando evitar problemas a su pueblo, se sometieron voluntariamente al gobierno asirio, dando a los reyes asirios una base desde la cual podían expandir el imperio aún más.

Sin embargo, a medida que Asiria fue peleando con reinos más grandes y poderosos, como Egipto, Elam y Babilonia, se hizo más difícil para ellos asegurar todas las fronteras del imperio. El ascenso de Babilonia bajo Nabopolasar presentó una oportunidad para que los egipcios y los medos retomaran las tierras previamente perdidas a los asirios y eventualmente se trasladaran a las ciudades en el centro del poder asirio.

Es fácil mirar atrás a la caída de Asiria y preguntarse por qué no decidieron simplemente dejar de expandirse y en su lugar consolidar su poder en casa. Pero aquellos de nosotros que estudiamos la historia estamos armados tanto con la retrospectiva como con las formas modernas de pensar. Para los líderes de la antigüedad, la conquista lo era todo. Asegurar nuevas tierras traía riquezas y gloria al monarca y a sus súbditos, y era un medio para complacer a los dioses, que eran en última instancia los que determinaban el destino.

La historia del Imperio asirio es larga, abarca miles de años e innumerables reyes, algunos de los cuales, como Tiglat Pileser III y Sargón II, han pasado a la historia junto con Alejandro Magno, Julio César y Gengis Kan como algunos de los más grandes conquistadores de todos los tiempos. Sin embargo, así como estos poderosos gobernantes acabaron cayendo, también lo hicieron los asirios, pero no sin antes dejar su huella como una de las civilizaciones más exitosas en la historia del mundo antiguo.

Capítulo 6 - Gobierno Asirio

Si bien el Imperio asirio se expandió en gran medida como resultado de la conquista militar, para que se le considerara realmente un imperio tenía que ejercer cierto grado de control político sobre los territorios y pueblos sobre los que reclamaba el dominio. La estructura de poder en Asiria cambió drásticamente a medida que el imperio se fue desplazando desde el Imperio asirio medio hacia su cúspide durante el Imperio neoasirio, principalmente mediante la adición de tratados diplomáticos que ayudaron a dar a los reyes asirios el control sobre ciertos territorios, o que al menos les dieron una influencia considerable.

En general, sin embargo, es útil entender que el gobierno del reino asirio está dividido en dos partes: Asiria propiamente dicha y la Gran Asiria. Ninguno de estos nombres se usaba en la antigüedad, aunque los territorios alejados del centro imperial se llamaban a menudo "La Tierra". Sin embargo, a efectos de estudio histórico, puede considerarse que Asiria propiamente dicha era el núcleo del imperio, y consistía en las tierras que rodeaban las grandes metrópolis de Assur, Nínive y Calaj, así como los territorios de partes de la Mesopotamia media y de la Siria oriental.

Estas tierras eran gobernadas a través de un sistema de administradores regionales que estaban todos directamente subordinados al rey. Es útil pensar en el sistema burocrático asirio como una pirámide, con el rey en la parte superior, sus principales asesores directamente debajo de él, y luego una amplia gama de otros gobernadores regionales debajo de ellos. Sin embargo, esta estructura piramidal no debe ser tomada de forma rígida, ya que a menudo no funcionaba exactamente de esta manera. El rey solía dar órdenes a los gobernadores que estaban a varios niveles alejados de la cima, y los puestos se concedían más por necesidad que de acuerdo con cualquier tipo de estrategia de planificación estatal, es decir, a medida que los territorios pasaban a estar bajo el control del rey asirio, este concedía la autoridad a un gobernante regional según le parecía.

Una cosa a tener en cuenta es que pocos funcionarios asirios, si es que hay alguno, sabían leer y escribir. El aparato estatal se mantenía en gran parte a través de un ejército de escribas que escribían órdenes del rey y las enviaban a todos los rincones del imperio. Se puede decir con seguridad que sin esta red de escribanos habría sido difícil, si no imposible, que el rey mantuviera algún grado de control sobre su imperio, lo que ayuda a explicar por qué los escribanos tenían un estatus tan alto en toda la sociedad asiria.

En general, el control de la burocracia en Asiria propiamente dicha era más estricto que en la Gran Asiria, pero esto no significaba que los gobernadores y administradores siempre obedecieran órdenes. Fuertemente influenciados por el pueblo que gobernaban, eran frecuentemente la fuente de rebeliones u otras insurrecciones, con las que los reyes asirios pasaban mucho tiempo tratando, normalmente enviando ejércitos o trayendo su propio ejército, para restaurar por la fuerza el orden y el gobierno asirio. Como los reyes asirios también eran líderes militares, dirigían su propio ejército, que normalmente se consideraba el más poderoso de todos los ejércitos asirios. De hecho, como se ve en la historia de la expansión imperial asiria, el rey y su ejército eran en gran medida responsables de los éxitos militares del imperio. Otros líderes eran menos aptos, o se les dio fuerzas más pequeñas para comandar, haciéndolas menos efectivas. Como tal, ser miembro del ejército del rey se consideraba un gran honor para los soldados asirios.

La ley en Asiria dependía completamente del rey. Asuntos como disputas de contratos o decisiones sobre crímenes se dejaban a los administradores locales que actuaban en nombre del rey. En los casos en que no se podía llegar a un acuerdo, los implicados en la disputa podían tener que viajar a una capital de provincia cercana para buscar el juicio de un funcionario de mayor rango.

La mayor parte de los conflictos que surgieron se referían a deudas que habían quedado impagadas, que a menudo eran resueltas por el deudor vendido como esclavo al servicio del que había concedido la deuda. Se esperaba que este individuo sirviera durante un tiempo determinado por el tribunal que sería suficiente para pagar la deuda.

Sin embargo, como se desprende de la historia imperial del Imperio asirio, la principal fuente de gobierno era la fuerza y el terror. Se esperaba que los gobernantes que quedaban en control de una ciudad o región permanecieran leales al rey, y el castigo por la deslealtad era la muerte. Los que apoyaban a un oficial rebelde eran deportados, ejecutados o vendidos como esclavos.

El tratamiento de los gobernantes desleales también fue bastante duro. Estas personas a menudo eran despellejadas y desolladas, o decapitadas, y puestas en exhibición para que todos los de la zona las vieran y así desanimar una mayor rebelión. La lógica detrás de este tipo de comportamiento era, por supuesto, decir, "permanece leal al rey y todo estará bien". Y dado que la mayoría de la gente era analfabeta y completamente dependiente de los reyes y otros nobles para el derecho a trabajar la tierra y ganarse la vida, este no era un estatuto demasiado difícil de imponer a la gente.

Más allá, en los territorios conocidos como Gran Asiria, los reyes asirios se basaban en tratados para hacer cumplir su mandato, utilizando los poderes locales y regionales para ayudarles a ejercer su influencia. En general, había dos tipos diferentes de tratados: los tratados de cooperación y los tratados de vasallaje.

Los tratados de cooperación solían formarse con reinos demasiado poderosos para ser conquistados. Estos podían incluir la instalación de un rey asirio a cambio de apoyo militar asirio, o podía dejar al rey local en el poder y en su lugar establecer un acuerdo comercial pacífico. A menudo el acuerdo implicaría la formación de una alianza contra otra potencia cercana.

Por ejemplo, hacia el final del Imperio asirio, alrededor del 650 a. C., los asirios pudieron reclutar el apoyo de los árabes y los palestinos para lanzar una invasión a Egipto. Pero estas alianzas pronto se desmoronaron, con los egipcios reclutando las mismas ciudades para unirse a ellos y a Babilonia en la superación de los asirios para siempre. Estos reinos atrapados entre estas dos grandes potencias fueron fácilmente influenciados para apoyar a la que era más poderosa, ya que esto les presentó una buena oportunidad para recuperar su propia independencia.

Otros buenos ejemplos de este tipo de acuerdos fueron los realizados con los reyes de Babilonia, a los que tradicionalmente se les concedían importantes libertades para gobernar a su antojo, en parte porque los reyes asirios sabían que nunca podrían dominar totalmente a los reyes babilonios. Esta fue una suposición que resultó ser cierta, ya que la ruptura de estos tratados y el intento de conquista de Babilonia fue una de las principales razones por las que el Imperio asirio sucumbió.

Los demás tratados utilizados para controlar la Gran Asiria eran tratados de vasallaje. Estos se usaban con reinos que Asiria podía intimidar fácilmente, y normalmente giraban en torno al pago de tributos. Estos tratados se celebraron a menudo con los reinos más débiles de Fenicia, Anatolia y los territorios al norte de Asiria, y resultaron ser bastante eficaces para enriquecer el imperio y ampliar su influencia.

En general, el sistema de gobierno asirio fue tan efectivo como se esperaría que fuera un gobierno imperial en la antigüedad. Una red suelta pero efectiva de administradores regionales ayudaba a gobernar los territorios más cercanos al centro del imperio mientras que los tratados de cooperación y vasallaje ayudaban a someter los territorios más alejados. Sin embargo, detrás de ambos sistemas estaba la amenaza de una guerra constante y el terror que hizo famosos a los ejércitos y reyes asirios tanto en la antigüedad como en los tiempos modernos.

Capítulo 7 - El ejército asirio

Se ha hablado mucho del terrible poderío militar del Imperio asirio, y con razón. El Imperio asirio hizo grandes progresos en términos de organización de su ejército y su uso eficaz, tanto que los dos grandes imperios que siguieron a Asiria, Babilonia y Persia, tenían ejércitos que estaban básicamente modelados según el de los asirios.

Se cree que para cuando Sargón II llegó al poder, el tamaño total del ejército asirio a disposición de los reyes de Asiria era una fuerza de aproximadamente varios cientos de miles de tropas. Sin embargo, todas estas tropas rara vez, si es que alguna vez, fueron llamadas a la acción al mismo tiempo. De hecho, el ejército regular permanente habría sido bastante pequeño, y su tamaño habría crecido dependiendo de las necesidades de una campaña. Debido a esto, puede decirse que en la época del Imperio neoasirio, había tres clases distintas dentro del ejército: soldados profesionales, hombres que cumplían su *ilku* (que significa "deber"), y soldados especiales llamados a campañas específicas.

Antes de entrar en las diferencias entre los tres grupos, es importante entender la estructura de todo el ejército. A la cabeza estaba, por supuesto, el rey. Era responsable de todas las campañas, y en teoría las dirigía él mismo, con algunas excepciones. En los primeros días del poder asirio, que se remonta al Imperio asirio medio, las campañas no eran mucho más que incursiones vagamente organizadas en ciudades y pueblos. Sin embargo, con el surgimiento del Imperio neoasirio, los ataques fueron coordinados, bien planeados y una parte integral de una política general de expansión.

Directamente debajo del rey estaba el mariscal de campo, que puede ser considerado más como un gran general. Él habría sido el responsable de trabajar con los gobernadores regionales para recaudar tropas. Los gobernadores provinciales eran responsables de los militares de su provincia, y delegaban en los capitanes, que se encargaban de territorios tan pequeños como unos pocos pueblos. Como era de esperar, el rango militar y el poder político estaban directamente conectados.

Los soldados profesionales fueron reclutados de la población después de haber sido identificados por un líder como excepcionales. Estos individuos llevaban sus vidas como soldados a tiempo completo, normalmente estacionados en campos militares lejanos. Los campos militares eran típicamente los restos de ciudades conquistadas que habían sido readaptadas para mantener a los mejores soldados de Asiria más cerca de los teatros de guerra. Los elegidos para ser soldados profesionales eran enviados a estos campos para su entrenamiento, y aunque su posición era alta en la sociedad, ya que ser uno de los soldados profesionales del rey era un gran honor, su estilo de vida era duro. Se definía por la guerra constante, y rara vez volvían a casa, incluso en años sin una campaña.

En general, el tamaño del ejército asirio regular era relativamente pequeño. Para engrosar sus filas en apoyo de una campaña, los reyes asirios afirmaban el ilku. A cambio de la protección ofrecida por el rey, se esperaba que todos los terratenientes prestaran servicio militar cuando se les requiriera. Si el rey necesitaba tropas, trabajaría con sus generales para encontrarlas, es decir, el mariscal de campo diría a los gobernadores provinciales cuántas tropas se esperaban de él, y sus capitanes encontrarían entonces a los hombres más aptos para servir.

Cuando eran elegidos para servir en una campaña, los hombres eran enviados a la capital donde se celebraba una gran ceremonia. Las campañas solían comenzar en la primavera, después del invierno y las lluvias, y se iniciaban con una inspección de las tropas. Sacerdotes y otros adivinos los acompañaban, dando bendiciones y pronósticos a medida que avanzaban. Cuando volvían victoriosos de una campaña, el rey desfilaba en su carroza ceremonial. En los casos en los que los intentos de tributo habían fallado, o donde había estallado una rebelión, los reyes y príncipes conquistados se veían obligados a caminar detrás de la carroza encadenados.

A las tropas que habían sido reclutadas en la propia Asiria se les daba posiciones más altas, generalmente en la caballería o en los carros de guerra, en gran parte porque se creía que eran más leales. Otros, como los reclutados en territorios conquistados, o en tierras donde se dudaba de su lealtad, eran sometidos a la infantería. Las armas más comunes de la infantería eran hachas de guerra, lanzas, arcos, espadas, dagas, mazas y hondas. Los jinetes de carros y de caballería solían ir equipados con una lanza o un arco, y los caballeros cabalgaban acompañados por alguien que sostenía su escudo mientras ellos disparaban flechas. La armadura se distribuía según el estatus, los asirios de mayor rango recibían armaduras de escamas y los de menor rango recibían cuero.

En términos de tácticas, los asirios se basaban en tres grandes, y llegarían a ser lo que hacía a su ejército tan prolífico: batallas campales, guerra de asedio y guerra psicológica. Los asirios no utilizaron tácticas de guerrilla, sino que optaron por enfrentarse a su enemigo en campos de batalla abiertos. Sin embargo, se les conocía por utilizar varias tácticas ingeniosas pero nuevas para la época, como la construcción de diques en los ríos para inundar el campamento enemigo, el ataque a medianoche y su posicionamiento entre el enemigo y su suministro de agua.

Sin embargo, la característica que definía al ejército asirio era la guerra de asedio. Estaban lejos de sus inventores, pero fueron capaces de perfeccionarla esencialmente dadas las capacidades tecnológicas de la época. Los cerebros detrás de los asedios asirios eran los ingenieros que viajaban con el ejército. Diseñaron y construyeron lo que eran esencialmente antiguos tanques - dispositivos de bombardeo sobre ruedas - que tenían espacio donde los arqueros podían esconderse y disparar a los arqueros defensores. Usarían escaleras para escalar las murallas de la ciudad, pero también construirían rampas de tierra que estos "tanques" podrían escalar y usar para bombardear la ciudad desde arriba. Además, encenderían fuegos y cavarían agujeros alrededor de las murallas de la ciudad para tratar de encontrar maneras de entrar.

Cuando esto no funcionaba, el ejército asirio se ponía a trabajar destruyendo el territorio que rodeaba una ciudad. Bloquearían todos los caminos que entran en la ciudad, y también destruirían las tierras de cultivo y cualquier otro pueblo que se encontrase fuera de los muros de la ciudad. Sin embargo, este tipo de guerra era costosa y lenta, por lo que los asirios frecuentemente buscaban formas más expeditas de conquistar una ciudad, una de las cuales sería aterrorizar a su gente.

Después de la primera ronda de destrucción, el líder, a veces el rey, pero tal vez un capitán que hablaba en nombre del rey, se ponía de pie frente a la ciudad y argumentaba al pueblo por qué debían desobedecer a sus líderes y abrir las murallas de la ciudad. Si esto no funcionaba, los asirios encontraban pueblos y ciudades cercanas, las saqueaban y volvían con los cadáveres. Estos fueron horriblemente mutilados y generalmente desollados, para luego ser puestos en exhibición a la vista de todos.

El propósito de esto era mostrar a los súbditos de la ciudad lo que sucedería eventualmente si continuaban resistiendo. Esto a menudo resultaría eficaz para tratar con la ciudad en cuestión, pero también hizo mucho más fácil para los asirios la conquista de otros territorios. Las historias de su brutalidad se extenderían, y esto haría que muchos lugares simplemente abrieran sus puertas antes de que el ejército asirio sintiera la necesidad de involucrarse en esta crueldad. Esta política de terror practicada por el ejército asirio fue una gran razón por la que fueron capaces de conquistar constantemente tanta tierra durante un período tan largo de tiempo.

Estas tácticas, que demostraron ser tan efectivas a lo largo del tiempo, cambiarían la dirección de las antiguas tradiciones militares. Los tipos de asedio y la guerra psicológica llevada a cabo por los asirios se verían de nuevo en Babilonia, Persia e incluso Roma. Según los estándares modernos, eran brutales, por decir lo menos. Pero incluso para los contemporáneos de los asirios, las tácticas habrían parecido crueles, lo que nos da una idea de lo impactantes que eran estos métodos. Sin embargo, tuvieron mucho éxito, y ayudaron a Asiria a construir un ejército que sería el principal impulsor de la expansión imperial neoasiria.

Capítulo 8 - La vida en el Imperio Asirio

Si bien la historia asiria se entiende en gran medida a través de las conquistas militares e imperiales de sus muchos reyes, no todos los que vivieron bajo los asirios se preocuparon por la conquista imperial. De hecho, es probable que solo un pequeño porcentaje de las personas que se considerarían asirios eran de hecho soldados de lo que se convertiría en algunos de los mayores ejércitos de la historia del mundo antiguo.

Las clases bajas asirias

No es de extrañar que en la parte del mundo conocida como la "cuna de la civilización", lugar que se acredita como uno de los primeros lugares donde la gente practicó estilos de vida sedentarios basados en la agricultura, la gran mayoría de los asirios, y los que caerían bajo el dominio asirio, eran agricultores.

En términos generales, como fue el caso en la mayor parte del mundo antiguo, los pueblos de Mesopotamia y más allá practicaban una forma de feudalismo. Los terratenientes concedían a la gente la oportunidad de trabajar sus tierras, que podían utilizar para su propio sustento, y a cambio, los arrendatarios debían producir una cierta recompensa para el terrateniente. En algunos casos, hay pruebas de que la tierra se dividía entre propietarios y arrendatarios, y cada parte recibía la mitad de lo que producía la tierra.

Parte de la razón por la que la guerra y la conquista era tan importante en estos tiempos era para ayudar a la gente a mantener el control de su tierra. Se pagaban impuestos a los gobernadores locales, y a cambio, estos gobernadores, que estaban bajo diversos grados de control a otros señores, ofrecían protección a los agricultores. Si las tribus invasoras llegaban a las tierras de un granjero, este se dirigía a su señor para que le ayudara. Las numerosas insurrecciones que se produjeron durante este período respondían generalmente a la incapacidad de los dirigentes para defender a la gente de las amenazas constantes que planteaban las personas que emigraban a través de las tierras.

Como se ha dicho antes, una de las caídas del Imperio asirio fue su incapacidad para asegurar adecuadamente los territorios conquistados. Considere la situación de un antiguo agricultor mesopotámico: un rey asirio marcha por su territorio exigiéndole que le declare lealtad en forma de impuestos y tributos o que sufra las consecuencias. Usted, como agricultor indefenso, no tiene otra opción que someterse. Sin embargo, en un año, el ejército asirio se ha ido, y hay gente que se abre camino en su territorio. Apela a sus vasallos asirios, pero ellos están muy lejos participando en guerras de conquista en territorios de los que usted no sabe nada. Si otro rey poderoso viniera a ofrecerle protección a cambio de lealtad, ¿qué haría? Lo más probable es que abandonase a los asirios en favor de este nuevo rey, hasta que se marchase, y se encontrase de nuevo ante el peligro de las tribus invasoras.

Uno puede imaginar que la vida de un ciudadano típico del Imperio asirio no se veía afectada por el individuo que gobernaba... Su única preocupación real era la protección, lo que significa que podían ser fácilmente influenciados para dar su apoyo a cualquier rey que estaba dispuesto y capaz de ofrecer esta seguridad. Sin embargo, esto cambiaría a medida que un reino se hiciera más poderoso. Por ejemplo, al final del Colapso de la Edad de Bronce (c.1000 a. C.), los asirios eran el reino más poderoso de la región, y a medida que su ejército crecía en tamaño y fuerza, aumentaban los riesgos de unirse a una rebelión a favor de otro poder, ya que los asirios no se tomaban las insurrecciones a la ligera. Siempre existía la posibilidad de que el ejército volviera a reclamar su territorio perdido, castigando a cualquiera que se atreviera a desafiar su dominio ofreciendo apoyo a otro rey.

Esta represalia probablemente no sería inmediata, ya que el ejército asirio rara vez dejó atrás grandes fuerzas para defender el territorio conquistado, eligiendo en su lugar llevar el mayor volumen de sus fuerzas hacia adelante en busca de nuevas conquistas. Pero casi todos los reyes asirios comenzarían su gobierno trabajando para reconquistar el territorio perdido y consolidarlo en el imperio, lo que significa que casi siempre llegaría el día del juicio final. Pero ante las crecientes amenazas de las tribus nómadas cercanas, u otras inestabilidades, la lealtad a reyes lejanos, ya fueran asirios o de otro tipo, no estaba del todo justificada. En este sentido, podemos entender que la vida de los ciudadanos asirios de cada día sería de una tremenda inestabilidad definida por el miedo y el servicio.

Sin embargo, la vida continuó. Las principales ocupaciones, además de los agricultores, eran lo que se podía esperar de la antigua civilización. La mayoría de las personas eran pastores de animales, panaderos, cerveceros, carniceros, pescadores, fabricantes de ladrillos, trabajadores de la construcción, alfareros, joyeros, prostitutas, etc. No había un sistema de dinero en la antigua Asiria, por lo que los negocios se realizaban en gran medida a través de un sistema de trueque, con cualquier cosa desde la harina hasta el oro como moneda.

Estas personas de clase baja habrían sido relegadas a un estilo de vida mayormente de subsistencia. Sin embargo, había oportunidad para que la gente subiera en la escala social, sobre todo llevando a cabo un negocio inteligente. Un ejemplo famoso viene de la ciudad de Kish, que llegó a ser gobernada por una reina llamada Kubaba, que en un tiempo fue tabernera. Historias como estas, sin embargo, son raras, y aunque posible, la movilidad social no era realmente la norma.

En general, se permitía y se esperaba que las mujeres realizaran tareas similares a las de los hombres, pero sin duda se las consideraba ciudadanos de menor relevancia. Las mujeres no podían llevar a cabo negocios sin el consentimiento de sus maridos, y se esperaba que se sometieran a la voluntad de su marido. Por ejemplo, las mujeres fueron las primeras en asumir ocupaciones como cerveceras, taberneras, médicos y dentistas, pero una vez que estas posiciones se volvían lucrativas, eran asumidas por los hombres.

Una cosa interesante de notar en lo que se refiere a las mujeres en la sociedad es la forma en que se organizó el matrimonio. La poligamia, en términos generales, no era practicada por los plebeyos. De hecho, algunas de las fuentes más significativas sobre la vida de un plebeyo en el Imperio asirio son los contratos de matrimonio. Se esperaba que la familia de una mujer pagara una dote al casarse, pero si el hombre era declarado culpable de adulterio, esta dote le sería devuelta en su totalidad.

Esta es una regla que se remonta al código de Hammurabi y parece haber sido ampliamente practicada en gran parte del Imperio asirio. Sin embargo, uno debe ser un poco cauteloso acerca de la extrapolación de normas culturales como estas a través de todo el imperio. El poder cambió de manos con frecuencia, y es difícil saber exactamente qué costumbres eran realmente practicadas por grandes porciones de la población.

Como era de esperar, la principal preocupación del ciudadano asirio medio era la comida. Por suerte para ellos, vivían en el Creciente Fértil, una parte del mundo conocida por su rico suelo y clima favorable. No estaba exenta de desafíos y seguía siendo susceptible a las conmociones, como se vio en el colapso de la Edad de Bronce, pero en general los ciudadanos de la antigua Mesopotamia eran capaces de disfrutar de una dieta sana y variada incluso para los estándares modernos.

El alimento básico de la dieta mesopotámica era la cebada, el grano más disponible en la región. El principal producto que la gente hacía era el pan, pero ponían la cebada a trabajar de otras maneras. Por ejemplo, debido a esta abundancia de cebada, se cree que la cerveza se inventó en Mesopotamia, y las tabernas eran instituciones regulares en la mayoría de las ciudades y pueblos.

Además de la cebada, se disponía fácilmente de una amplia variedad de frutas y verduras, como manzanas, higos, cerezas, albaricoques, peras, zanahorias, pepinos, frijoles, guisantes y nabos.

La carne también era una parte regular de la dieta mesopotámica; sin embargo, la mayoría de la gente solo comía el pescado que podía capturar de los ríos o el pequeño ganado que podía mantener en sus corrales, como cerdos, cabras y ovejas. La carne de vacuno no se consumía regularmente, si es que se consumía, en gran parte porque la cría y el mantenimiento de las vacas resultaba demasiado costoso y también porque algunas normas culturales tenían en alta estima a las vacas y prohibían su sacrificio.

En general, la vida de los plebeyos en la antigua Asiria era dura y llena de inestabilidad. Los miembros de la clase baja podían permitirse pocos lujos, y por lo general era un reto importante satisfacer las demandas de producción y los tributos impuestos por los terratenientes y los monarcas. La mayoría de la gente era analfabeta, y la escritura era una habilidad reservada a los escribas y otros miembros de las clases altas.

Sin embargo, la gente común no eran los miembros más bajos del orden social. La esclavitud fue prominente en la antigua Mesopotamia como ha sido el caso en las civilizaciones alrededor del mundo desde los primeros tiempos. Uno podía convertirse en esclavo de diferentes maneras. La razón más común por la que alguien se convirtió en esclavo es que había sido capturado durante la guerra. Como se mencionó anteriormente, parte del poder de los reyes asirios provenía de sus políticas de deportación, y un gran componente de estas expulsiones masivas de personas era proporcionar a las ciudades la mano de obra esclava necesaria para los proyectos de construcción masiva que generalmente se llevan a cabo en las grandes metrópolis de Assur, Nínive o Calaj.

También se podía optar por entrar en la esclavitud como medio para pagar una deuda, o la familia podía venderlo como una forma de pagar su deuda. Cuando esto sucedía, generalmente resultaba en que la persona tenía que mudarse lejos de su hogar. Además, uno podría ser vendido como esclavo como castigo por un crimen. Una de las consecuencias de la esclavitud en la antigua Mesopotamia, y en casi todas las demás partes del mundo donde su práctica estaba extendida, era que mantenía los salarios bajos para los trabajadores libres. Debido a que la guerra y la deportación eran casi constantes, había un suministro casi ilimitado de mano de obra esclava, lo que significaba que había poco o ningún incentivo para que la gente ofreciera salarios más altos a sus trabajadores.

En general, la esclavitud no era tan dura o brutal como lo serían versiones posteriores de la misma, como la esclavitud impuesta por los españoles a las poblaciones indígenas de América Central y del Sur o la esclavitud del Imperio británico y del Sur de América, pero el esclavo seguía siendo considerado el miembro más bajo de la sociedad. Sin embargo, con el tiempo, mediante un trabajo diligente, un esclavo podía ganarse su camino hacia la libertad, algo que era especialmente común para aquellos que aceptaban entrar en la esclavitud como medio de pagar una deuda; cuando la deuda se pagaba, el esclavo era liberado.

Tanto los esclavos como los plebeyos vivían vidas difíciles que estaban a merced de los caprichos de quienes cedían más poder e influencia en la sociedad, y se les privaba de casi todos los lujos que comúnmente disfrutaban las personas de los niveles superiores de la sociedad mesopotámica.

Las clases altas de la antigua Asiria

El miembro más alto de la sociedad asiria era obviamente el rey. Uno siempre debe recordar que lo que ahora se considera el Imperio asirio era muy diferente de los tipos de estados que tenemos hoy en día. Mientras que los reyes que gobernaban desde Assur, Nínive y Calaj controlaban grandes extensiones de territorio, e intentaban mantener el control estableciendo gobernadores o firmando tratados, su control sobre el poder siempre fue flojo. Como prueba de ello, solo hay que mirar el drama de la expansión imperial asiria, que se definió por repetidas conquistas militares destinadas a reconquistar territorios rebeldes y a expandir potencialmente la influencia asiria en nuevas tierras. Como tal, lo que consideramos como un imperio, aunque poderoso para su tiempo, era en realidad más una combinación de ciudades conquistadas y ciudades-estado que fueron reunidas bajo un sistema de tributo común. Este sistema de tributos era grande, complejo e imperfecto. Casi todas las ciudades tenían su propio rey, y este rey le daría su lealtad a otro rey, que haría lo mismo a cambio. De esta manera, algunos reyes, utilizando su ejército y terror, eran capaces de amasar grandes esferas de influencia que iban y venían dependiendo de su efectividad como líderes. Los reyes asirios se convirtieron en maestros de esto, poniéndose esencialmente en la cima de la cadena alimenticia monárquica de la región. Solo informaban a los dioses, mientras que todos los demás reyes de la región informaban a los asirios, al menos cuando el ejército asirio podía obligarlos a hacerlo.

Así, mientras que los privilegios otorgados a un rey variarían de forma diferente según su posición dentro de este sistema de tributos, había similitudes en la forma de vida de los reyes. La primera característica de un rey es que se consideraba que tenía una estrecha relación con los dioses. De hecho, cuanto más poderoso era el rey, más divino se le consideraba. Ampliar su reino y proveer a su pueblo era una prueba de que los dioses lo favorecían a él y al pueblo que gobernaba. El éxito en el campo de batalla se atribuía a la relación del rey con los dioses, lo que significaba que la legitimidad del gobierno de un rey dependía en gran medida de la cantidad de territorio que pudiera asegurar. Como se puede imaginar, esto daba un gran incentivo a cada rey para hacer la guerra en los territorios que rodeaban su imperio, por lo que la gran mayoría de la historia asiria antigua, y de todos los reinos de la Mesopotamia, se define en gran medida por la guerra.

Uno de los principales deberes de un rey, además de proporcionar protección a sus súbditos, era construir templos y otras mejoras de la ciudad que trajeran orgullo y gloria al pueblo. Una vez más, un tema común para casi todos los gobernantes mesopotámicos, no solo los asirios, era la construcción. Como no había dinero, la riqueza necesaria para construir estos proyectos se adquiría conquistando tierras y adquiriendo los recursos que existían en ellas. Así que, para probar aún más la profundidad de la relación entre un rey y un dios, era importante que se embarcaran en grandes proyectos de construcción junto con sus casi interminables campañas militares. Es por esta razón que algunos de los sitios arqueológicos más magníficos del mundo se pueden encontrar en todo el Medio Oriente. Los descubrimientos arqueológicos de los siglos XIX y XX descubrieron estos antiguos tesoros, pero muchos se han perdido debido al conflicto casi constante que existe hoy en día en la región.

El proyecto de construcción más común llevado a cabo por un rey sería, naturalmente, un palacio. El objetivo era siempre construir el palacio más grande y lujoso posible, usando lo más posible del tiempo que pasaron conquistando para mostrar su riqueza. El oro, la plata y otros metales preciosos eran evidentemente muy buscados. Sin embargo, quizás un poco irónico, la mayoría de los reyes asirios no estarían para disfrutar de los frutos de su trabajo. Se esperaba que los líderes del trono asirio acompañaran a sus ejércitos en las campañas militares. No era frecuente que volvieran a su capital, que alternaba entre Assur, Nínive y Calaj dependiendo del rey, dejando normalmente al príncipe heredero la supervisión de los proyectos de construcción y la gestión de los asuntos domésticos. Otros reyes menos importantes probablemente pasarían más tiempo en casa, pero esto habría sido un signo de su debilidad, dando a los reyes que estaban por encima de ellos más poder y prestigio.

La pirámide de la sociedad asiria puede describirse de la siguiente manera. Los reyes de Assur (o Nínive o Calaj, dependiendo de la ciudad que el rey eligió para usar como su fortaleza) estaban en la cima. Justo debajo de ellos se encontraban los reyes de otras ciudades que habían sido conquistadas y puestas bajo el control de los reyes asirios. Localmente, todavía eran considerados supremamente importantes, pero como eran vasallos de los reyes asirios, había límites a su poder. Podemos pensar que estos individuos son similares a la nobleza de la Europa feudal. Poseían un poder significativo, pero no estaban en la cima de la jerarquía.

Bajo los diferentes niveles de reyes vinieron los sacerdotes, lo cual es comprensible considerando la importancia de los dioses para el pueblo asirio. El trabajo principal de la clase de clérigos era interpretar los signos y presagios. Antes de que los reyes se dirigieran a la guerra, se esperaba que primero preguntaran a los sacerdotes si era un buen momento para ir a la guerra. Los sacerdotes analizaban entonces los diferentes presagios, desde el tiempo hasta las estrellas del cielo, y decidían si dar o no su bendición. Obviamente, había cierta parcialidad, ya que los reyes que tenían más éxito se consideraban a favor de los dioses, y esto significaba que era más probable que recibieran una bendición para la guerra.

Fuera de esto, las principales tareas de los sacerdotes incluían el cuidado del templo y sus operaciones. También oficiaban las ceremonias, incluyendo los ritos de sacrificio. Además, los sacerdotes de la antigua Mesopotamia fueron los primeros curanderos de la región, sirviendo como médicos y dentistas antes de que estos se convirtieran en profesiones por sí mismos.

Por debajo de la clase sacerdotal estaban los comerciantes y los hombres de negocios. El comercio era una parte integral de casi todas las antiguas civilizaciones del Cercano Oriente. Su estrecha proximidad entre sí facilitó que las diferentes culturas participaran en acuerdos económicos beneficiosos para ambas partes. Una de las fuentes originales de poder asirio fueron las rutas comerciales que establecieron con ciudades de Anatolia (la actual Turquía oriental), y una de las principales razones por las que Asiria comenzó a afirmarse en esta región fue para proteger esas mismas rutas comerciales que eran tan importantes para su bienestar y éxito.

Dentro de la clase mercantil había normalmente dos grupos: los que tenían su propio negocio y los que no. Para los que no tenían su propio negocio, la vida era relativamente difícil. La mayor parte de su tiempo lo pasaban viajando de una ciudad a otra intercambiando mercancías. Los viajes a casa eran breves y no daban lugar a mucho ocio. Sin embargo, los comerciantes que tenían el éxito suficiente para iniciar su propio negocio vivían una vida de ocio y lujo. Podían enviar a sus empleados a hacer el trabajo duro de viajar y comerciar, lo que significaba que podían quedarse y atender sus casas o intentar involucrarse en la política local. Los comerciantes que ganaban considerable riqueza e influencia en una región a veces hacían un juego de rebelión, aunque esto no siempre funcionaba, ya que nombrarse a sí mismo rey venía después de haber establecido una estrecha relación con los dioses, es decir, con otros reyes.

Otros miembros de la clase alta eran los escribas y los tutores privados. La alfabetización se consideraba un privilegio que solo se extendía a los miembros más ricos e influyentes de la sociedad. A las mujeres típicamente no se les permitía aprender a leer o escribir. Y debido a que no había escuelas públicas, la adquisición de una educación estaba reservada solo para los individuos más privilegiados. La mayoría de las personas educadas se convertían en maestros, y sus servicios eran típicamente muy solicitados. Para las familias con una riqueza considerable, era común contratar a un tutor privado que enseñara a los niños sobre matemáticas, ciencias y escritura. Los tutores privados podían tener muchos estudiantes diferentes, y algunos de ellos se convertían en empleados a tiempo completo de una familia, lo que normalmente les permitía vivir vidas casi tan lujosas como las familias para las que trabajaban.

Debido a que la escritura no estaba muy extendida, la vida cotidiana de los antiguos asirios solo puede ser reconstruida a través de los diversos artefactos encontrados en los sitios arqueológicos y algunos contratos restantes que fueron escritos en piedras. Sin embargo, esto todavía es suficiente para obtener una sólida comprensión de lo que la vida pudo haber sido durante la época de los asirios, y no es demasiado diferente de lo que uno podría esperar. Las distintas clases sociales significaban que la sociedad asiria estaba muy dividida. La mayor parte del poder y el lujo fue para los de las clases altas, como reyes, sacerdotes y comerciantes emprendedores, mientras que las clases bajas se dejaron a las órdenes de sus terratenientes y los reyes que los gobernaban.

Sin embargo, vale la pena mencionar que la "sociedad asiria" estaba lejos de ser estática. Los asirios aparecieron por primera vez en la escena de Mesopotamia en el 2do milenio a. C., y existieron hasta aproximadamente el siglo 7mo a. C., hasta que su estructura imperial se derrumbó y fueron asimilados a otras culturas de la época. Durante este período, los asirios hicieron una serie de avances en áreas clave como las artes, las matemáticas, la ciencia y la literatura, y estos son logros que no se pueden pasar por alto. Aunque la mayoría recordará a Asiria por sus grandes ejércitos y su tremenda expansión militar, sus contribuciones a la civilización humana van mucho más allá de la guerra y la conquista.

Capítulo 9 - Cultura asiria: Arte, Matemáticas y Ciencia

Las tradiciones militares de los asirios están bien documentadas, pero solo discutir este aspecto de su sociedad sería una gran injusticia para uno de los imperios más influyentes que han existido en el mundo antiguo. Aunque algunos de los avances vistos en la era asiria podrían no ser considerados como significativos en comparación con lo que vendría después, no se pueden pasar por alto sus contribuciones a la cultura mundial. El arte único combinado con los avances en la escritura, las matemáticas y la ciencia ayudaron al avance de la civilización a puntos que nunca antes había alcanzado. Sin embargo, casi todos estos avances se hicieron con una fuerte influencia religiosa, un tema que debe ser discutido cuando se observan las influencias culturales del Imperio asirio.

Arte asirio

Se puede decir con seguridad que los asirios no son conocidos por su arte, especialmente cuando se les compara con algunas de las otras civilizaciones de la región, en particular los egipcios. Sin embargo, esto no significa que la sociedad asiria careciera de influencia artística. Por un lado, se cree que los asirios eran muy musicales. Los instrumentos musicales, principalmente tambores, flautas y otros instrumentos de viento, han sido descubiertos en muchos sitios arqueológicos diferentes, y se cree que se utilizaban como fuente de recreación y ceremonias religiosas.

Los asirios aparentemente no estaban muy preocupados con la creación de esculturas, algo que era mucho más frecuente en otras civilizaciones antiguas, como los sumerios y los egipcios. Una de las pocas esculturas dignas de mención, la de Asurbanipal, que se puede encontrar en el Museo Británico, se considera en general de baja calidad y representa una tradición escultórica poco desarrollada en Asiria. Además, el uso de esculturas como adornos de palacios y otros edificios era poco frecuente en Asiria. Solo los palacios y templos de Anatolia tienen estas características y se cree que fue obra de los hititas.

Sin embargo, donde los asirios sobresalieron fue en los relieves. Las excavaciones de varios sitios, incluyendo Nínive y Assur, descubrieron innumerables relieves que son considerados no solo como bellas obras de arte, sino que también sugieren que los asirios habían descubierto un nuevo uso para el arte-propaganda.

Las razones por las que los historiadores creen esto es porque los asirios son una de las primeras civilizaciones mesopotámicas en pintar relieves no de los dioses sino de los reyes. La mayoría de las pinturas cuentan historias de las muchas grandes batallas militares logradas por los reyes asirios, y se cree que se utilizaron como un medio para fortalecer la relación percibida entre los reyes y los dioses, que habría servido como un medio para establecer la legitimidad.

Esto no es para sugerir que los asirios inventaron la propaganda, pero había una fuerte tradición en la sociedad asiria de glorificar las conquistas y los logros de los reyes, y parece que esto se abrió camino en las artes, representando un cambio de enfoque en comparación con otras civilizaciones que existían al mismo tiempo. Las figuras 7 y 8 son ejemplos de algunos de los relieves más elaborados creados por los artistas asirios:

Además de los relieves, los asirios parecían haber sido excepcionales trabajadores del metal. Dejaron atrás impresionantes piezas de bronce, oro y plata, vasijas y adornos. Esto no debería sorprender, considerando que la excepcional metalurgia asiria, particularmente el hierro, fue una de las razones por las que los asirios pudieron emerger como vencedores del colapso de la Edad de Bronce. Además, se cree que las esclavas, por encargo real, tejían alfombras y túnicas y las bordaban con sedas y otras telas finas adquiridas mediante el comercio con tierras lejanas.

Aunque los asirios produjeron pocas, si es que produjeron alguna, obra de arte que alcanzara fama internacional, parecían tener una cultura artística excepcional que estaba interesada en glorificar los logros territoriales de los líderes asirios. Y a medida que el imperio se expandió tanto en influencia como en tamaño, el número y la complejidad de las obras de arte también se expandió, lo que sugiere que Asiria, durante su época de dominio imperial, fue de hecho un centro de desarrollo cultural sofisticado.

La escritura en la antigua Asiria

Para una civilización tan excesivamente obsesionada con la guerra, es sorprendente cuánta atención se prestó a la creación y preservación de los textos escritos. A lo largo de las grandes ciudades de Asiria, principalmente Nínive, Assur y Calaj, se encontraron bibliotecas reales masivas, pero hay evidencia que sugiere que las bibliotecas existían en todo el imperio, principalmente en los templos. Pero también se cree que muchos ciudadanos privados, principalmente los ricos, también tenían sus propias bibliotecas.

Había tres tipos principales de textos que se encontraban en las grandes bibliotecas de Asiria: inscripciones reales, mitos y literatura, y textos científicos. Parece que había un gran interés en preservar las tradiciones literarias de Babilonia, Acadia y Sumeria, ya que el rey asirio ordenaba la transcripción de innumerables textos babilónicos.

Las inscripciones reales siguen siendo hasta el día de hoy la fuente más significativa para entender los eventos que tuvieron lugar dentro del Imperio asirio. Era común que los reyes asirios tuvieran todo un ejército de escribas a su disposición, algunos de los cuales se encargaban de copiar los textos más antiguos y otros tenían el deber de escribir las decisiones, acciones y victorias de los reyes asirios. Siempre buscando la gloria, muchas de estas inscripciones reales contienen relatos exagerados de triunfos, dejando a los eruditos de la antigua Asiria con la gran tarea de intentar verificar estos relatos.

Los asirios escribieron en lo que se conoce como escritura cuneiforme, un estilo de escritura que fue significativo en el sentido de que abandonó el uso de pictogramas y en su lugar utilizó símbolos que seguían una fórmula de un símbolo, un sonido, un significado. Este estilo de escritura fue probablemente desarrollado primero por los acadios, pero como hablantes de una lengua semítica, fue continuado y avanzado por los asirios. En general, la cultura asiria puso un gran énfasis en la escritura, muy probablemente como un medio para tratar de preservar su gloria, añadiendo otra capa a una cultura que más a menudo se asocia con la tradición militar.

Logros científicos en la antigua Asiria

El estudio científico se concentró relativamente en la antigua Asiria. Algunos historiadores creen que las grandes bibliotecas estaban destinadas a servir como una forma de atraer a las más grandes mentes mesopotámicas hacia Asiria y establecer su residencia, y esto solo fue posible porque el número de personas lo suficientemente educadas para llevar una vida de estudios eran los escribas, de los cuales había relativamente pocos.

Debido a que los escribas necesitaban ser capaces de entender múltiples idiomas, como el sumerio, el babilonio y el acadio (el sumerio no era un idioma semítico como los otros mencionados aquí y, por lo tanto, era infinitamente más difícil de entender para los asirios), para poder llevar a cabo la gran cantidad de transcripciones encargadas por los muchos reyes asirios, los escribas tenían acceso a una gran cantidad de textos que habían sido producidos por varias culturas diferentes. Una de las formas en que contribuyeron al desarrollo científico fue la creación de grandes listas.

Estas listas eran generalmente documentaciones de plantas, animales, ciudades, reyes, etc. Además, los escribas dedicaban mucho tiempo a recopilar la información reunida por aquellos que se habían aventurado en el extranjero por motivos militares, utilizando esta información para elaborar mapas rudimentarios del mundo; por supuesto, estos mapas solo incluían lo que hoy llamamos el Cercano Oriente, pero para los asirios, este habría sido el mundo entero.

Las matemáticas también eran una actividad común para muchos escribas asirios, aunque parece que la práctica solo se llevaba a cabo como un medio de ejercicio intelectual, lo que significa que no había aplicaciones prácticas de las matemáticas en la construcción y la agrimensura. Por ejemplo, los escribanos escribían comúnmente problemas matemáticos, lo que hoy en día llamamos problemas de palabras, que requerían una comprensión de la multiplicación y la división. También parece que los matemáticos asirios habrían utilizado el álgebra como medio para describir las cantidades de las cosas, usando letras y otros símbolos como medio para representar variables.

Sin embargo, mucho más impresionantes que sus logros matemáticos fueron algunos de sus avances científicos. Por ejemplo, los asirios fueron capaces de concebir un entendimiento bastante avanzado del ciclo lunar, y lo usaron para crear un calendario lunar que resultó ser bastante útil y preciso. También tenían una fuerte tradición astronómica, creyendo, como la mayoría de las civilizaciones antiguas, que lo que veían en los cielos reflejaba los eventos que vendrían en la Tierra.

El calendario desarrollado por los babilonios y ampliado por los asirios ayudó a desarrollar el calendario que la mayoría del mundo utiliza hoy en día. Rastrearon la luna empezando con la primera luna nueva después del equinoccio, y esto les ayudó a dividir el año en doce meses de 29 o 30 días. Cada día comenzaba al atardecer y se dividía en doce "horas dobles" que se dividían en 60 "minutos dobles". Esta es la base del reloj de 24 horas que usamos hoy en día.

Sin embargo, este sistema, como era de esperar, no era fiable. Las condiciones climáticas en Irak significan muchos días nublados, lo que habría impedido a los asirios ser capaces de rastrear con precisión los movimientos del cielo. Además, al utilizar la luna en lugar del sol para rastrear los años, cada año era unos 11 días más corto de lo que debería haber sido, que se sumarían y se convertirían en una temporada completa después de nueve años.

Es fácil mirar hacia atrás y descartar estos logros; muchas de las cosas que los asirios consideraban verdaderas fueron finalmente mejoradas a medida que la tecnología y la comprensión aumentaban. Sin embargo, considerando que esta civilización existió más de 2 milenios en el pasado, sus logros científicos aún merecen ser honrados.

Sin embargo, por muy significativos que fueran algunos de los logros culturales asirios, hay que recordar que sus logros más importantes se produjeron en el campo de batalla. La educación y la alfabetización se limitaron a un pequeño grupo de personas, limitando efectivamente las capacidades del Imperio asirio para desarrollar su cultura mucho más allá de lo que lo hizo. La perfección de la guerra de asedio y el uso de armas de hierro probablemente siempre se recordará como la mayor contribución de los asirios a la cultura mundial, pero nunca hay que olvidar que el arte, la escritura y la ciencia fueron partes integrantes de esta antigua civilización.

Capítulo 10 - Religión asiria

Los monarcas asirios se consideraban estrechamente relacionados con los dioses, y esta creencia en el derecho divino a gobernar significaba que la religión era un aspecto importante del Imperio asirio a lo largo de su existencia. En general, los asirios practicaban el politeísmo, creyendo en muchos dioses diferentes que reinaban sobre diferentes aspectos de la vida. Aunque los asirios compartían creencias religiosas con los babilonios, no tenían tantos dioses. La razón principal es que los dioses suelen estar asociados a las ciudades, y Babilonia tenía muchas más ciudades que su vecina del norte.

El principal dios de la religión asiria era Assur. Es el rey de todos los dioses y el creador del pueblo asirio. Por eso el nombre de Assur fue elegido como la primera y principal ciudad de Asiria, y en esta ciudad se construyeron muchos templos diferentes en su honor. Según el pueblo asirio, toda la nación asiria le pertenecía, y sus reyes eran meros representantes de Assur. Su principal objetivo era cumplir sus órdenes y complacerlo, y los reyes asirios atribuyeron todo, como los recursos disponibles para ellos, sus victorias militares, y su propia inteligencia personal, a Assur. Muchos reyes asirios tomaron un nombre que comenzó con Assur como una forma de demostrar esta profunda conexión que sentían con el principal dios asirio.

Sin embargo, cabe señalar que la religión en Asiria, como ocurre en muchas civilizaciones antiguas, puede describirse mejor como un culto. Hay pocas pruebas que sugieran que los plebeyos pasaban mucho tiempo adorando a los dioses, aunque los reconocieran como los creadores y controladores del destino. Con el tiempo, las ciudades llegarían a favorecer a un dios sobre el otro, y muchos templos se erigirían en honor a ese dios con un templo principal que se usaría como centro de culto en esa ciudad. El sacrificio era una parte importante de la adoración, así como la oración a los ídolos.

Junto a Assur en importancia estaba Ninurta, que era el dios de la guerra y la caza, dos de las principales actividades emprendidas por los asirios. Otra deidad importante era Ishtar, la diosa de la batalla y el amor, y se la consideraba la diosa de dos grandes ciudades asirias: Nínive y Arba'il. Cada una de estas deidades diferentes tenía una personalidad única que se discutió en la literatura asiria y se retrató a través del arte asirio. Pero Assur, por otro lado, siempre fue retratado como un rey y fue representado como un líder solemne, austero y estoico que estaba más preocupado por representar una apariencia regia.

La burocracia del templo reflejaba cómo la religión se utilizaba para ayudar a mantener el control sobre ciertas ciudades. Como el rey de Assur, o Asiria en su conjunto, era el más cercano a los dioses, él era el que decidía qué ciudades estaban o no en buena posición con Assur. Los sacerdotes que dirigían el templo principal de una ciudad eran nombrados por el rey, y si una ciudad se rebelaba o no cumplía con sus obligaciones de impuestos o tributos, entonces el rey los castigaba reteniendo los recursos necesarios para mantener el templo, lo que lo hacía caer en el deterioro, algo que habría sido una gran vergüenza para los antiguos asirios.

Pero esta relación no era del todo unilateral, ya que los sacerdotes tenían un impacto significativo sobre las acciones de un rey. El trabajo del sacerdote era decirle al rey cuándo podía o no podía ir a la guerra y qué debía hacer para asegurar el éxito en su próxima campaña. En este sentido, la política y la religión se conectaron estrechamente, con ambos lados usando al otro como un medio para avanzar en su poder e influencia dentro del estado asirio. Por supuesto, en caso de discrepancia, el rey, que tenía la relación más estrecha con los dioses, siempre tendría la última palabra.

Es evidente que la religión desempeñó un papel importante en el control social de los súbditos asirios, pero se trata de un fenómeno que existió principalmente en las ciudades más cercanas a Assur y en las demás grandes metrópolis asirias. Los reyes asirios eran, en general, tolerantes con otras religiones que encontraban. A las ciudades y territorios conquistados casi nunca se les pedía convertir la religión o rendir homenaje a los dioses asirios. Pero los monumentos religiosos de una ciudad a menudo eran robados y tomados como rehenes para coaccionarlos a someterse. Sin embargo, si una ciudad prometía lealtad a un rey asirio, entonces estos monumentos serían devueltos. Si surgía una rebelión, entonces podían ser destruidos, lo que habría sido un evento casi catastrófico para los pueblos de la antigua Mesopotamia, algo que habrían querido evitar a toda costa.

Desafortunadamente, queda poca evidencia que detalle la naturaleza exacta de los ritos y ceremonias religiosas. O bien nunca se registraron, o bien nunca se han encontrado tales registros. Una de las pocas ceremonias que conocemos es *Akitu*, que puede entenderse mejor como una celebración del año nuevo. Casi todas las ciudades tenían su propio templo de *Akitu*, que normalmente estaba situado fuera de los muros de la ciudad. Su celebración incluía elaboradas procesiones y un gran banquete. Era durante esta ceremonia que el rey recibía el derecho de gobernar por un año más.

Otro aspecto de la religión asiria que vale la pena mencionar es el arte del pronóstico. La mayoría de los asirios creían que alguien que estaba en buena posición con los dioses, principalmente los sacerdotes, podía predecir el futuro, en gran medida a través de la interpretación de diferentes signos y símbolos, como las constelaciones o los patrones del clima. El puesto de "adivino" era uno de los más altos en la corte asiria, ya que era el trabajo de esta persona predecir lo que sucedería en las próximas campañas militares.

El sacrificio de corderos era una de las principales formas en que los adivinos trataban de predecir los resultados de las campañas. Los reyes hacían que los escribas escribieran una "petición de oráculo" en una tablilla, que luego se presentaba a los dioses. Los corderos serían asesinados y los adivinos examinarían algunos de los órganos y entrañas en busca de pistas sobre el resultado de la petición real. Se llevaba un registro del examen y se enviaba al rey, quien tenía que tomar una decisión basada en lo que se había determinado en la ceremonia. No era inusual que un rey ignorara los resultados de estas predicciones, pero se consideraba un muy mal augurio hacerlo.

En general, la religión asiria no estaba particularmente avanzada. Era esencialmente un culto que era utilizado por los reyes para legitimar su gobierno y para ayudarles a determinar el mejor curso de acción en la guerra. Sin embargo, a pesar de su forma rudimentaria, los dioses asirios desempeñaron un papel importante en el desarrollo de la sociedad asiria y el avance de su imperio.

Conclusión

Tal vez la mejor manera de pensar en el Imperio asirio es un globo que se infla y desinfla lentamente desde el centro del imperio, Assur. Con el tiempo, crecería, se encogería, crecería de nuevo, y luego se encogería nuevamente, antes de que finalmente creciera tanto que lo único que quedara por hacer fuera el estallido. Pero mientras la estructura de poder se había ido, la influencia asiria continuaría existiendo mucho después de la caída del imperio.

Considerando el nivel de dominio que los asirios alcanzaron en Mesopotamia en el curso de 1.500 años, es bastante sorprendente que caigan tan rápidamente. En solo 50 años después de alcanzar su cúspide, Nínive y Assur fueron saqueadas, y Asiria ya no existía.

Sin embargo, cuando miramos la historia de este antiguo imperio, su desaparición no parece tan repentina. Si bien es cierto que los asirios tenían el imperio más poderoso a mediados del siglo VII a. C., su control del poder era muy débil, y sus recursos se agotaban. Sus vecinos crecían en poder y empezaban a trabajar juntos para socavar el control asirio. Y cuando los asirios se volvieron demasiado ambiciosos y empezaron a entrometerse en los asuntos babilónicos, el escenario fue preparado para su final.

Sin embargo, la historia de los asirios sigue siendo fascinante. A lo largo de la historia, ninguna otra civilización en Mesopotamia podría reclamar tanto territorio como los reyes asirios en el siglo VII. Los reyes asirios han pasado a la historia como algunos de los líderes militares más capaces de la historia, y los desarrollos culturales que salieron de este período contribuyeron en gran medida al desarrollo de la civilización humana.

Si bien es cierto que los asirios fueron crueles y despiadados con los que se interpusieron en su camino, existieron en una época en que este tipo de comportamiento era necesario para la supervivencia. Si no hubieran estado a la altura de las circunstancias y conquistado los reinos cercanos a ellos, alguien más los habría hecho, como hicieron finalmente los babilonios. Era un mundo feroz, lleno de guerra e inestabilidad. Pero a través de tácticas militares superiores y la determinación de siempre, los asirios fueron capaces de construir un imperio que pasará a la historia como uno de los más impresionantes y expansivos en la trayectoria del mundo antiguo.

Bibliografía

Boardman, John et al., eds. *The Cambridge Ancient History*. Vol. 3 Part 2. Cambridge University Press, 1991.

Bryce, Trevor. *The Routledge Handbook of The People and Places of Ancient Western Asia: The Near East from the Early Bronze Age to the fall of the Persians Empire.* Routledge, 2009.

Læssøe, Jørgen. *People of Ancient Assyria.* Routledge y Kegan Paul, 1963.

Mark, Joshua J. "Assyria." *Ancient History Encyclopedia,* Ancient History Encyclopedia, 9 Ago. 2018, www.ancient.eu/assyria/.

Rogers, Robert. *A History of Babylonia and Assyria.* Lost Arts Media, 2003.

Roux, George. "Ancient Iraq, new ed." *NY: Penguin Books* (1986).

Saggs, Henry WF, y Helen Nixon Fairfield. *Everyday Life in Babylonia & Assyria.* BT Batsford, 1965.

Sayce, Archibald Henry. *A Primer of Assyriology.* Fleming H. Revell, 1894.

Veenhof, K.R., *Mesopotamia: The Old Assyrian Period.* Vandenhoeck y Ruprecht, 2008.

Vea más libros escritos por Captivating History

www.ingramcontent.com/pod-product-compliance
Lightning Source LLC
LaVergne TN
LVHW041646060526
838200LV00040B/1736